ICH PFEIFE!

CHRISTOPH SCHRÖDER

AUS DEM LEBEN EINES AMATEURSCHIEDSRICHTERS

TROPEN SACHBUCH

Tropen
www.tropen.de
© 2015 by J. G. Cotta'sche Buchhandlung
Nachfolger GmbH, gegr. 1659, Stuttgart
Alle Rechte vorbehalten
Printed in Germany
Umschlag: Herburg Weiland, München
Unter Verwendung eines Fotos von © Martin Fengel
Gesetzt von Dörlemann Satz, Lemförde
Gedruckt und gebunden von CPI – Clausen & Bosse, Leck
ISBN 978-3-608-50332-6

Bibliografische Information der Deutschen Nationalbibliothek
Die Deutsche Nationalbibliothek verzeichnet diese Publikation in der
Deutschen Nationalbibliografie; detaillierte bibliografische
Daten sind im Internet über <http://dnb.d-nb.de> abrufbar.

INHALT

Aufstehen
Prüfung. Ein Anfang
7

Tasche packen
Der Schnürsenkeltick.
Über Rituale, Alpträume und Ausrüstung
19

Platzbegehung
Sportplätze. Eine Heimatkunde
31

Warmlaufen
Kondition. Über den Körper
57

Anpfiff
Die Regeln. Ein Erkundungsversuch
79

Halbzeitpause
Erfahrungen sammeln. Über Person und Persönlichkeit
99

Die zweite Halbzeit
Die und wir. Von Trainern, Spielern und Fans
115

Spielanalyse
Auf und ab. Über das Beobachten und Beobachtetwerden
135

Die dritte Halbzeit
Alte Zeiten. Ein Lob des Amateurwesens
161

Schlaf finden
Die Pfeife schweigt. Über Fehlentscheidungen
181

Der Morgen danach
Fingerspitzengefühl.
Die Medien, der Fußball und die Schiedsrichter
205

Epilog
20 Jahre später. Ein Waldgang
221

AUFSTEHEN
Prüfung. Ein Anfang

Es fing an im Hinterzimmer einer Vereinsgaststätte. Dort fängt so etwas immer an. Eine braune, abgeschabte Raumabtrennung aus Plastik, dahinter zwei lange Tischreihen. Von der anderen Seite dringen die Geräusche herüber, die sich demjenigen, der seit seiner frühen Kindheit in Gaststätten dieser Art verkehrt, zu einem vertrauten Klangteppich, zu einem Sound des geselligen Lebens verdichten: das Klappern von Würfelbechern, das Klirren der Gläser im Spülbecken, der auf mittlere Lautstärke eingestellte Fernseher, der irgendeine Sportübertragung zeigt, das gedämpfte Gerede der Stammgäste, die, wenn eine neue Runde serviert wird, mit ihren dickbauchigen Biergläsern anstoßen, in denen sich Pfungstädter oder Eichbaum oder Licher Pils befindet.

Hier, auf unserer Seite des Raumteilers, wird gearbeitet. Da sitzt eine Gruppe von 30, 40 Jugendlichen und einigen Erwachsenen, schaut nach vorne an die Wand, an die mit einem Overheadprojektor Zeichnungen und Diagramme geworfen werden, hört dem Mann mit dem sorgfältig ondulierten Haar und dem Schnurrbart zu, der von der Regel 12, von verlorener und vergeudeter Zeit (die philosophische Dimension dieser Begriffe wird sich erst später erschließen) erzählt, von Abseits, absichtlichem Handspiel und den Maßen des Spielfeldes. Es ist das Jahr 1988, es ist noch eine andere Epoche, ein anderes Land als das, in dem wir heute leben. Die alte Bundesrepublik der Kohl-Ära. Es gibt schlimmere Zeiten und schlimmere Orte, um groß zu werden. Es ist ein Land, das es sich in seiner Friedlichkeit und in der perfekten Simulation wirtschaftlicher Grundgesundheit bequem gemacht hat. Ein Land, in dem die Renten sicher sind. Andererseits sind die autoritären Strukturen, die sich gehalten haben, deutlich zu spüren. Die Funktionäre, die hier vor uns stehen, sind keine Tyrannen, sie züchtigen nicht körperlich. Aber sie treten Jugendlichen mit dem selbstverständlichen Anspruch absoluter Autorität entgegen. Die Atmosphäre ist konzentriert. Wer stört, wird ermahnt oder gefragt, ob er antiautoritär erzogen worden sei (eine Frage, die einer Beschimpfung gleichkommt). Hier, in diesem abgetrennten Raum, an langen Tischen, geht es um eine ernste Sache: die Prüfung zum Fußballschiedsrichter.

Ich bin 14 Jahre alt. Und ich sitze hier, um mich ausbilden zu lassen. Der Fußball hat mich beschäftigt, seit ich denken kann. Mein Vater, ein geborener Hamburger, hat seine Liebe zum HSV an meinen älteren Bruder vererbt. Bei mir ist er damit nicht weit gekommen. Ich war Bayern-Fan, ja, wirklich, Bayern München, bevor ich angesteckt wurde von Klassen- und Mannschaftskameraden und zur Frankfurter Eintracht konvertierte. Ein harter Schwenk, ich gebe es zu, sportpolitisch auch nicht korrekt, aber hoffentlich mittlerweile verjährt. Mein erster richtiger Stadionbesuch allerdings war in der Saison 1978/79 das Spiel zwischen Darmstadt 98 und – selbstverständlich – dem HSV, zu dem mein Vater und mein Bruder mich mitgenommen hatten. Das Darmstädter Stadion am Böllenfalltor war pickepackevoll, es hatte und hat, heute erst recht, da es seit Jahrzehnten aus den üblichen Gründen, leere Stadtkasse, leere Vereinskasse, nicht saniert worden ist, eine Atmosphäre von leicht morbidem Charme.

An jenem Bundesligaspieltag am 24. März 1979 konnte ich selbstverständlich nicht ahnen, dass ich mich einmal, nach diversen Abstiegen des Vereins Darmstadt 98, als Schiedsrichter in den Katakomben des Stadions umziehen und die Tür, die direkt in einen schmalen dunklen Gang unter die Haupttribüne des Stadions führt, öffnen würde, das Raunen und Stampfen der Zuschauer über mir, und tatsächlich mit der ersten Mannschaft dieses Vereins zu einem Punktspiel auf den Rasen laufen würde, auf dem 25 Jahre zuvor Horst Hrubesch, Manfred Kaltz, Kevin Keegan und Felix Magath für den späteren Deutschen Meister Hamburger Sportverein standen (die Darmstädter stiegen als Tabellenletzter umgehend wieder ab).

Das Spiel, ich musste nicht nachschauen, endete 1:2, und meine einzige Erinnerung daran, außer dem Ergebnis, ist die, dass die Darmstädter Anhänger nach einem Tor des HSV, gemäß dem Vereinswappen der 98er, das eine Lilie zeigt, lautstark ihren Schlachtruf »Lilien, Lilien« anstimmten und der Fünfjährige, der ich war, sich wunderte: Warum rufen die alle Linie? Der Ball war doch klar im Tor. Ich traute mich nicht, meinen Vater oder meinen Bruder zu fragen, weil es mir wie eine dumme Frage vorkam. Was es auch war. Das Spiel wurde geleitet von Schiedsrichter Wolf-Dieter Ahlenfelder aus Oberhausen, einem Mann, der schon zu aktiven Zeiten zur Kultfigur geworden war, weil er einmal die erste

Halbzeit eines Bundesligaspiels 13 Minuten zu früh abgepfiffen hatte – er war vollkommen betrunken. Später wurde er mit dem Satz zitiert: »Wir sind Männer, wir trinken keine Fanta«. In Bremen, wo sich jenes denkwürdige Ereignis zugetragen hat, kann man noch heute in den Kneipen einen Ahlenfelder bestellen und bekommt ein Gedeck aus einem Bier und einem Malteser.

Bis zu seinem Tod im Jahr 2014 erzählte er immer davon, wie schön es war, nach den Spielen mit den Mannschaften zusammen ein Bier zu trinken. Oder er erzählte, dass er, wenn er einen Spieler streng ermahnen wollte, diesen daran erinnerte, dass man doch später schließlich noch gemeinsam ein Bier trinken wolle. Darauf war er stolz. Als man ihm die Öffentlichkeit nahm und von der Bundesligaliste strich, hat man ihm sein Leben genommen. Alleine Bier trinken ist auf Dauer deprimierend.

Seit ich sechs Jahre alt war, stand ich im Tor meines Dorfvereins, des SV Nauheim 07. Nauheim, Kreis Groß-Gerau, Südhessen, ziemlich genau im Dreieck zwischen Mainz, Darmstadt und Frankfurt gelegen, hörbare Flughafennähe, Rüsselsheim nebenan. Wer hier keinen Opel fuhr, kam in Erklärungsnot. Nauheim hat heute etwas mehr als 10 000 Einwohner, in meiner Kindheit, vor den Neubaugebieten, waren es weit weniger, eine jener Ortschaften, die nach dem Krieg zu sogenannten Vertriebenendörfern wurden, in denen sich die Flüchtlinge aus den Ostgebieten, aus Sudetendeutschland hauptsächlich, ansiedelten. Die Gaststätten hießen »Zum Odenwälder« oder »Zum Egerländer« (so heißen sie noch heute, nur wird dort mittlerweile griechisch oder italienisch gekocht); die Leute fuhren zum Opel nach Rüsselsheim oder zum Frankfurter Flughafen zur Arbeit oder, wenn sie Vertriebene waren, bauten Instrumente.

Noch heute rühmt man sich dafür, dass das Saxophon, auf dem Bill Clinton spielt, in Nauheim gebaut wurde.

Es war keine Frage, ob ich einmal zum Fußball und in den Verein gehen würde oder nicht. Tennisspielen war damals noch so wie FDP wählen: Das taten die Neureichen aus dem Neubaugebiet, die glaubten, etwas Besseres zu sein. Mein fünf Jahre älterer Bruder spielte beim SV 07, meine Kindergarten- und Erstklässlerfreunde traten dort ein, weil auch ihre Eltern bereits Mitglieder waren; schon in der Vorschulzeit habe ich mit meinem Bruder oder Freunden in Höfen, Gärten oder auf den seinerzeit noch wenig befahrenen Straßen Nauheims gegen mehr oder weniger brauchbare Bälle getreten, Fensterscheiben zerdeppert und Beulen in parkende Autos geschossen. Die Sportschau am frühen Samstagabend zu verpassen, war ebenso undenkbar, wie am folgenden Sonntagmorgen nicht in den Gottesdienst zu gehen. Der Gleichklang einer friedlichen bundesrepublikanischen Bürgerkindheit.

Ich wollte nicht im Tor stehen, aber wenn eine Mannschaft sich neu formiert, muss es einer tun, und zumeist ist es dann derjenige, der sich nicht in jedem Training aufs Neue wehrt, wenn der Trainer ihn dorthin stellt. Im Nachhinein betrachtet allerdings ist die Torhüterposition der Beginn einer Kontinuität, die sich durch mein Leben hindurch fortsetzen sollte: Es ist die Haltung des etwas beiseite Stehenden, das Geschehen vom Rand her Betrachtenden. Die eines Menschen, der nicht ganz dazugehört und doch mitmacht. Ich weiß bis heute nicht, ob Souveränität oder mangelndes Talent mich in diese Position gebracht haben: Ich wurde kein Fußballspieler, sondern Torhüter und dann Schiedsrichter. Ich wurde kein Schriftsteller, sondern Kritiker. Adorno hätte dafür wahrscheinlich eine Formulierung gefunden wie: immer ganz knapp am Eigentlichen vorbei. Auf dem Platz selbst kommt das freimütige, halbironische Eingeständnis der eigenen Unfähigkeit im Übrigen immer bestens an. Klassischer Spieler-Schiri-Dialog: »Wohl nie selbst gegen den Ball getreten, was?« »Doch, aber nicht lange und auch nicht so gut wie du, sonst würden wir ja jetzt das gleiche Trikot tragen.« Ahlenfelder hätte sich nach dem Spiel für seine eigene Schlagfertigkeit umgehend mit einem Bier belohnt.

In der F-Jugend wurden wir Kreismeister. Einige Jahre später, als Zwölfjährige, spielten wir zwei Jahre in der seinerzeit höchsten hessischen Jugendklasse. Und auch da hielten wir mit. Ich war kein schlechter Torwart, aber auch kein überragender. Meine Reflexe auf der Linie waren überdurchschnittlich gut, meine Strafraumbeherrschung eher nicht. Ich litt an einer nicht abstellbaren Nervosität. Ich machte Fehler, tauchte unter Bällen hindurch, so dass am langen Pfosten der Stürmer nur noch den Kopf hinhalten musste.

Erst viele Jahre später, als Schiedsrichter, hatte ich die Einsicht, dass etwas nicht stimmt, wenn diese Nervosität vor dem Anpfiff nicht mehr da ist. Aber ich merkte auch, dass sie mit dem Anpfiff verfliegen, sich in eine produktive Anspannung verwandeln und einer – wenn auch konzentrierten – Leichtigkeit weichen muss. Das geschah bei mir als Fußballer nicht. Irgendwann war einer da, der besser war als ich. Deutlich besser. Soweit ich weiß, steht er noch heute, im Alter von rund 40 Jahren, im Tor der ersten Mannschaft des SV Nauheim 07 in der Kreisoberliga Groß-Gerau/Darmstadt. Sie haben noch keinen gefunden, der ihn ersetzen könnte. Ich landete auf der Ersatzbank, immer öfter. Ein eher unangenehmer Ort für einen 14-Jährigen. Schließlich will man mitmachen, spielen. Und somit war ich einer der Kandidaten, die eines Tages von unserem Jugendleiter angesprochen und gefragt wurden, ob sie es nicht einmal mit einem Schiedsrichter-Neulingslehrgang versuchen wollten.

Die Fragen kommen immer wieder: Wie kommt denn so etwas? Wie wird man denn Schiedsrichter? Muss man da nicht ein Masochist sein und ein Sadist vielleicht noch dazu? Die Antwort auf die Frage »Warum wird man Schiedsrichter?« ist relativ einfach: Jeder Verein ist verpflichtet, eine bestimmte Anzahl von Schiedsrichtern zu stellen, proportional zur Zahl der Mannschaften, die am Spielbetrieb teilnehmen. Geschieht das nicht, drohen Strafen, die bis zum Punktabzug gehen können. Fehlende Schiedsrichter können im Amateursport im Extremfall Auswirkung auf Ab- und Aufstieg haben. Also setzen die Vereine alles daran, Kandidaten für das wenig populäre Amt zu finden. Und das sind meistens diejenigen, die als Fußballer nicht gebraucht werden. Also wurde auch ich angesprochen und sagte erst einmal ja.

Kurz darauf fuhr ich zusammen mit meinem Mannschaftskameraden Dogan (Linksaußen, ebenfalls zweite Wahl; da ist es wieder, das Klischee von Torhütern und Linksaußen, die angeblich einen an der Klatsche haben) eine Woche lang Abend für Abend mit dem Fahrrad durch die Novemberkälte in die benachbarte Kreisstadt, in das Hinterzimmer des Vereinsheims, um dem Mann mit dem Schnurrbart zuzuhören. Viel interessanter als die Frage, warum man Schiedsrichter geworden ist, ist die, warum man es auch geblieben ist. Dass es Menschen gibt, die freiwillig einen Problemberuf ergreifen, ist bekannt. Ich habe einmal ein

Porträt über einen Mann geschrieben, der den ganzen Tag in Kläranlagen tauchte, wenn sie verstopft waren. Er sprach nicht gerade mit brennender Begeisterung über seinen Arbeitsalltag, aber doch in einem Tonfall, der ein gewisses Restmaß an Freude ausdrückte. Nun ist das Schiedsrichterdasein erstens kein Hauptberuf und zweitens nicht vergleichbar damit, tagtäglich in einem Becken voller Scheiße zu baden, aber der verbale Shitstorm, der einen treffen kann (nicht muss, und schon gar nicht jede Woche), muss auch erst einmal weggesteckt werden. Man macht trotzdem weiter. Aber warum? Die Antwort ist komplex und vielschichtig. Ich hätte schon lange ein ganzes Buch darüber schreiben können. Jetzt mache ich es.

Der Mann mit Schnurrbart vor den beiden langen Tischreihen, im Hauptberuf Ingenieur und Dozent an einer Fachhochschule, wie wir später erfuhren, konnte, das waren wir aus dem Fußballumfeld so nicht gewohnt, reden, in ganzen, geschliffenen Sätzen. Er war nicht auf den ersten, aber auf den zweiten Blick sympathisch und er ließ keinen Zweifel daran, dass er mehr wusste als jeder andere, dass er es besser wusste, dass er ein Spezialist war. Und genau dazu wollte er uns auch machen. Er sollte derjenige sein, der mich später erstmals als jungen Linienrichter, wie es seinerzeit noch hieß, zu einem seiner Spiele mitnahm. Er war es auch, der mich nach einem groben Anfängerfehler, den ich in diesem Spiel beging (ich hob tatsächlich bei einem Abstoß die Fahne zum Abseits, obwohl es gerade die Ausnahmen waren, die man uns ganz besonders eingebleut hatte: Eckstoß, Abstoß, Einwurf), trotzdem noch einmal an die Seitenlinie stellte. Er war ein warmherziger Mann in einer kühlen Hülle, kein Instinktschiedsrichter, sondern ein Regelintellektueller. Rund

15 Jahre später setzte er seinem Leben selbst ein Ende; die Todesanzeige habe ich bis heute aufbewahrt. Aber das ist eine andere Geschichte.

Noch sind wir im Hinterzimmer des Vereinsheims, viermal vier Stunden in einer Woche. Eine Woche, in der ich nicht nur innerlich Abbitte geleistet habe für diverse Reklamationen gegen Entscheidungen auf dem Platz, sondern auch gelernt habe, den Sport, meinen Sport, aus einer vollkommen neuen Perspektive zu betrachten und mit einem vollkommen neuen Vokabular zu beschreiben. Es gibt viele Gründe, warum nicht wenige frisch ausgebildete Schiedsrichter nach kurzer Zeit wieder das Handtuch werfen. Ein entscheidender Grund ist, dass sie den Rollenwechsel nicht leisten können, sosehr sie auch wollen. Genau darum hat wohl auch der DFB die Idee, ehemalige Fußballprofis zu Schiedsrichtern umzufunktionieren, schnell wieder aufgegeben – sie könnten es schlicht und einfach nicht.

Einen Schiedsrichter-Neulingslehrgang zu besuchen, ist, als würde man eine Fahrschul-Theoriestunde besuchen. Der Unterschied ist nur der, dass man in der Fahrschule auch mal in ein Auto steigt, bevor man den Führerschein ausgestellt bekommt. Ein Schiedsrichter wird ohne praktische Einweisung (außer der, die er sich in seinem Vor- oder Parallelleben als Fußballer ohnehin erworben hat) auf die Plätze geschickt. Die Prüfung ist in diesem Fall lediglich der Nachweis, dass man in der Lage sein könnte, ein Spiel zu leiten. Wie sollte es auch anders gehen? Heute werden die Absolventen zumindest noch auf die Laufbahn geschickt, um ihre körperlichen Fähigkeiten nachzuweisen.

Der Fußball wurde in dieser einen Woche zum Abstraktum. Abseits der staubigen Hartplätze, auf denen wir sonst zu spielen pflegten, zerlegte der Mann mit dem Schnurrbart unser Hobby in ein System aus Regeln, Vorschriften und Geboten. Alles andere, was außerhalb dieser Vorschriften liegt und einen guten Schiedsrichter in mindestens gleichem Maße bestimmt, lernt man nicht auf einem Neulingslehrgang, sondern auf dem Platz. Und das braucht Zeit. Und mit der Zeit füllten sich dann tatsächlich auch all diese Abstrakta mit Inhalt, mit Bedeutung, mit Leben.

Ein Neulingslehrgang ist ein Anfang, dem kein Zauber innewohnt; er hat nichts Mythisches an sich. Die neue Perspektive auf das Spiel und die praktischen Erfahrungen verbinden sich nicht in einer blitzartigen Erkenntnis. Es gibt nicht den Schiedsrichtermoment; es gibt ganz viele davon, und jeder ist überraschend. Der Satz, der, ich habe es überprüft, auf jedem Lehrgang aufgesagt wird, lautet: »Du musst in jedem Moment auf dem Platz damit rechnen, dass etwas völlig Überraschendes geschieht.« Das kann man wissen und sich vorbeten, ob man in diesem Moment dann trotzdem die richtige Entscheidung trifft, steht auf einem völlig anderen Blatt.

Am fünften und letzten Tag des Lehrgangs füllten wir dann einen Fragebogen aus. Auswendig gelerntes Wissen, das nun in Diagrammen und in einem Ankreuztest abgefragt wurde. Es ging um die Mindesthöhe der Eckfahnen, um die Spielzeit für ein D-Jugend-Spiel und darum, wie man einen indirekten Freistoß auszuführen hat. Basiswissen. Auf späteren Lehrgängen in höheren Klassen hat sich der Lehrwart einmal den Spaß erlaubt, nicht irgendwelche komplizierten, komplex konstruierten Regelfragen, sondern genau dieses Basiswissen abzufragen. Das Ergebnis war einigermaßen erstaunlich – die Durchfallquote lag weit über dem Durchschnitt. Doch nun wusste ich also, welchen Umfang der Ball zu haben hat und wie viele Hilfsflaggen oder Hütchen aufgestellt werden müssen, wenn es völlig überraschend anfangen sollte zu schneien und die Seitenlinien nicht mehr erkennbar sind. 100 Punkte gab es zu erreichen. Ich schaffte 96,5. Demnächst, nach dem Besuch der Pflichtsitzung, würden wir unsere ersten Spiele bekommen, hieß es. Und in ein paar Monaten dann auch den begehrten Ausweis, mit dem man in jedes Stadion in Deutschland hineinkommt, ohne Eintritt bezahlen zu müssen.

Ich war 14 Jahre alt und Fußballschiedsrichter. Ich war neugierig auf meine ersten Einsätze. Und ich hatte keine Ahnung, was es für mein weiteres Leben bedeuten würde.

TASCHE PACKEN
Der Schnürsenkeltick.
Über Rituale, Alpträume und Ausrüstung

Ich sitze in einer Umkleidekabine und bereite mich auf das Spiel vor. Durch ein Fenster kann ich nach draußen in Richtung Spielfeld blicken. Es sind eine Menge Zuschauer da. Die beiden Mannschaften stehen bereits auf dem Platz. Es ist angerichtet. Nur ich bin noch nicht fertig, nicht annähernd. Ich habe noch kein Trikot an, noch keine Stutzen und keine Schuhe. Vor mir auf dem Tisch liegt mein Mäppchen mit den übrigen Utensilien: gelbe und rote Karte, die beiden Pfeifen, Stutzenhalter, Stift, Spielnotizkarte.

Im Normalfall läuft alles in der so oft erprobten Reihenfolge ab, instinktiv. Und gerade jetzt müsste ich mich beeilen, ich sehe noch einmal durch das Fenster nach draußen, langsam kommt Unruhe auf; es soll losgehen, man wartet auf mich. Aber es geht nicht: Was auch immer ich tue, geht nur in Zeitlupe vor sich. In Zeitlupe streife ich die Stutzen über, wie immer erst den linken, dann den rechten; in Zeitlupe greife ich nach dem Trikot, das ich bereits auf dem Tisch vor mir bereitgelegt habe.

Da draußen, vor dem Fenster, bewegt sich alles in normaler Geschwindigkeit; die Zuschauer werden wütend, die Spieler gestikulieren zunehmend aggressiv in meine Richtung, sie sind nervös, es soll losgehen, ich streife ganz langsam das Trikot über den Kopf, bleibe dabei noch hängen, sehe kurz nichts, bin desorientiert und zunehmend panisch; jetzt ist wieder Licht da, und ich muss wieder durch das Fenster schauen, da draußen kicken sie jetzt ohne mich den Ball hin und her, und das geht doch nicht, denke ich, die können doch nicht ohne mich, und greife zu meinen Schuhen, in Zeitlupentempo, versteht sich, habe die Schnürsenkel zwischen den zittrigen Fingern; versuche mich zu erinnern, wie man eine Schleife bindet ... und schrecke aus dem Schlaf hoch.

Dieser Traum, wieder einmal. Er ist eine Konstante in meinem Leben; seit vielen Jahren träume ich ihn, beinahe wöchentlich, in immer den gleichen Bildern, in immer der gleichen quälenden Langsamkeit.

Ein klassischer Schiedsrichteralptraum. Mein bester und ältester Schiedsrichterfreund, mit dem gemeinsam ich die Prüfung abgelegt habe, hat ebenfalls einen wiederkehrenden Traum: Er steht auf dem Platz, ein Spieler begeht ein sehr schlimmes und schweres Foul; der Schiedsrichter nimmt die Pfeife in den Mund, um aus voller Kraft hineinzublasen – und kein Ton kommt heraus. Beides sind Träume, die vom Versagen handeln, vom eigenen Versagen und vom Versagen der, nennen wir es so, Technik.

Ja, Schiedsrichter wirken möglicherweise auf Menschen, die sich auf andere Weise mit Fußball beschäftigen, also Fans, Spieler oder Trainer, sehr merkwürdig. Sie machen etwas, was nicht vernünftig scheint: Sie übernehmen freiwillig und noch nicht einmal für eine sonderlich gute Bezahlung einen Job, der ihnen nur Ärger einbringt. Schiedsrichter sind für Nichtschiedsrichter per se erst einmal schrullige Menschen, Exzentriker, Wichtigtuer sogar. In jedem Fall übernimmt ein Schiedsrichter ein Amt, das mit Verantwortung verbunden ist und damit, die Kontrolle zu behalten. Wer die Kontrolle über ein Fußballspiel behalten will, muss zuerst einmal die Kontrolle über sich selbst behalten, zumindest für 90 Minuten.

Ein Schiedsrichter muss also, wenn er erfolgreich sein will, ein disziplinierter Mensch sein. Spieler dürfen undiszipliniert sein. Man verzeiht es ihnen im schlimmsten Fall, im besten Fall entstehen dabei genialische Momente. Wenn ein Schiedsrichter aus der Rolle fällt, ist das nicht genialisch, sondern peinlich. Ein Fußballschiedsrichter ist aber auch Sportler. Er braucht Routine und Sicherheit in dem, was er tut. Dabei helfen Rituale. Sportler haben Rituale: Der eine läuft nur auf den Platz, wenn er stets dasselbe Pfennigstück unter der Sohle in seinem Schuh verstaut hat.

In dem grandiosen Film *Referees at work* gibt es eine Szene unmittelbar vor einem Spiel der Europameisterschaft 2008: Das Schiedsrichterteam sitzt schweigend und in tiefster Konzentration versunken nebeneinander auf der Bank der Umkleidekabine. Und im Waschbecken liegt die Pfeife, das Arbeitsinstrument des Schiedsrichters, das dieser in wenigen Minuten brauchen wird. Der Wasserhahn ist aufgedreht, über die Pfeife läuft also permanent Wasser. Ich habe mir den Kopf zerbrochen über diese Szene. Die Pfeife ist das gleiche Modell, das auch ich benutze; ich sehe nicht den geringsten Sinn darin, sie vor einem Spiel feucht zu halten und durchzuspülen. Es sei denn, dahinter stecken ein bestimmter Aberglaube und die Angst, die Pfeife könnte während des Spiels plötzlich nicht mehr funktionieren.

Am Tag eines Spiels habe ich einen beinahe bis auf die Minute genau durchchoreographierten Ablauf. Wenn der durcheinandergerät, werde ich nervös. Klar weiß ich, dass man auch alles anders machen könnte und es trotzdem gut gehen würde, andererseits kann man ja nie wissen ... Nach dem Aufstehen packe ich meine Tasche, und zwar immer in derselben Reihenfolge, ich kann sie heruntersingen, ehrlich gesagt mache ich das auch innerlich. Ganz ehrlich gesagt, mache ich das sogar laut, wenn ich alleine bin: Duschschuhe, Handtücher, Schuhe, Stutzen, Hosen, Trikots, Unterziehshirt, Warmmachshirt, Trainingsjacke. In die Seitentasche der Sporttasche das Mäppchen mit den Utensilien. Bequem muss alles sein, praktisch, schnell greifbar. Und natürlich alles mindestens doppelt oder dreifach, weil einer der Assistenten oder auch beide ihre Trikots ja zu Hause vergessen haben könnten. Oder ihre Hose. Oder alles zusammen. Da bin ich Kontrollfanatiker und gewappnet. In der anderen Seitentasche Verbandszeug, Blasenpflaster, Salben.

Kürzlich hatte einer meiner Assistenten sich beim Brotschneiden für das späte Frühstück (die Nacht hatte er durchgefeiert, so winkte er auch) in den Finger geschnitten, aber richtig. Viel Zeit zum Verbinden hatte er nicht, weil er sonst zu spät zum Treffpunkt gekommen wäre, was bei mir wiederum mittlere Panikattacken auslöst. Da war es dann praktisch, dass Dr. Paranoia mit einem schicken Verband aushelfen konnte. Und wenn man diesen Kram 100 Mal vergeblich mitgeschleppt hat – beim 101. Mal ist er dann doch nützlich.

Als ich meine Prüfung abgelegt habe, gab es nur eine Farbe für den Schiedsrichter: schwarz. Als 1993 das grüne Alternativtrikot auf den Markt kam, war das eine Revolution. Über Jahrzehnte hatten die Schiedsrichter Schwarz getragen und sich die damit verbundenen Schimpf- und Rufnamen aufrichtig verdient (»Schwarzkittel«, »schwarze Sau«, der Klassiker, aber auch eine so originelle Kreation wie »katholischer Kinderf***er«, auch die gerne als Schimpfname verwendete Pfeife war damals noch schwarz, während man sie heute in 30 unterschiedlichen Farbtönen erwerben kann). Nun, mit der Einführung des grünen Trikots, mussten die Zuschauer sich neue Bezeichnungen ausdenken; das taten sie auch, aber seien wir offen: »Grüner Laubfrosch« kommt nicht annähernd an »schwarze Sau« heran, oder?

Wenn ich mir auf YouTube Spiele vergangener Weltmeisterschaften oder auch alte Bundesligaspiele angucke, stelle ich fest, dass der Schiedsrichter seine modische Ausnahmestellung auf dem Platz im Lauf der Jahrzehnte verloren hat. Während die Spieleroutfits immer exotischer wurden, bis hin zu den Papageienoutfits mancher Teams in den 80er- und 90er-Jahren, war es den Schiedsrichtern erst recht spät erlaubt, überhaupt Kurzarmtrikots zu tragen. Bis dahin waren die Ärmel lang und endeten mit Manschetten, so wie das erste Trikot, das ich mir im Jahr 1988 kaufte, auch noch. Schiedsrichter waren die Gentlemen auf dem Platz, sie trugen Hemden, keine Sportswear. Das ist heute anders und hängt auch mit den veränderten körperlichen Anforderungen zusammen.

Die neuen Trikots, mittlerweile auch in den Farben Gelb, Blau oder Rot erhältlich, sind wahrscheinlich aus irgendeinem Hightech-Astronautenmaterial gefertigt; jedenfalls kann man in ihnen schwitzen, so viel man will, sie werden nicht richtig feucht. Keine Ahnung, wo der Schweiß hingeht; vielleicht wird er von aggressiven Bakterien an der Trikotinnenseite aufgesogen oder zurück in den Körper gedrängt.

Auch das Design und die Wirkungsweise des wichtigsten Arbeitsgeräts, der Pfeife, haben sich grundlegend geändert. Kein Schiedsrichter, den ich kenne, benutzt noch eine Trillerpfeife, also eine Pfeife mit einer Kugel, die sich im entscheidenden Moment verklemmen und einen kläglichen Piepton erzeugen kann. Das gängige Modell ist seit Mitte der 90er-Jahre die sogenannte Fox 40, eine Hochtonpfeife ohne Kugel, dafür aber mit einem etwas futuristischen Aussehen, in Kanada entwickelt und zunächst in Sporthallen eingesetzt. Die Fox, die auch in sämtlichen Profiligen zum Einsatz kommt, ist unglaublich laut; mittlerweile haben das auch die Spieler bemerkt. Zumeist hält sich derjenige, der beim Anstoßpfiff dem Schiedsrichter am nächsten steht, die Ohren zu. Manche Schiedsrichter binden sich ihre Pfeife während des Spiels ans Handgelenk, um sie nicht zu verlieren; ich hänge immer zwei Pfeifen aneinander und behalte sie lose in der Hand.

Keinesfalls empfiehlt es sich, während des Spiels die Pfeife permanent im Mund zu tragen, und zwar aus drei Gründen: Erstens bringt es einen aus dem Atemrhythmus, zweitens verleitet es zum überhasteten Pfiff, weil man die halbe Sekunde, die man braucht, um die Hand zum Mund zu führen, nicht zur Verfügung hat, um auf einen eventuell entstehenden Vorteil zu achten. Und drittens kann es ja auch doch einmal passieren, dass man als Schiedsrichter einen Ball ins Gesicht bekommt. Wenn man dann die Pfeife noch im Mund hat, kann das für die Zahnreihen unangenehm werden.

Unverändert in der Farbgebung sind seit ihrer Einführung zur Weltmeisterschaft 1970 die gelben und roten Signalkarten. Zuvor hatte der Schiedsrichter lediglich die Möglichkeit, eine Verwarnung (gelbe Karte) oder einen Feldverweis (also rot) mündlich auszusprechen und mit entsprechender

Gestik die Strafmaßnahme nach außen hin zu demonstrieren.

Bei der Weltmeisterschaft 1966 stellte der deutsche Schiedsrichter Rudolf Kreitlein im Spiel zwischen England und Argentinien den argentinischen Kapitän Antonio Rattin nach einer vermeintlichen Beleidigung vom Platz. Der Mann wollte allerdings nicht gehen, es ist nicht klar, ob er sich schlicht weigerte, weil er mit dem Ausschluss nicht einverstanden war, oder ob er überhaupt nicht verstanden hatte, dass er soeben des Feldes verwiesen worden war. Es dauerte jedenfalls mehrere Minuten, bis zwei Polizisten auf den Platz kamen und Rattin in die Kabine führten. Dem englischen Schiedsrichterbetreuer kam einige Zeit später an einer Verkehrsampel die Idee, wie derartige Situationen in Zukunft vermieden werden könnten – die Geburtsstunde der gelben und roten Karte.

Die rote Karte ist in Wahrheit gar nicht rot, sondern neondunkelorange. Das kann jeder nachprüfen: Die Signalkarten sind im Schiedsrichterfachhandel für jedermann frei erhältlich, zum Stückpreis von einem Euro. Sie sind universal verwendbar – unser Mathematiklehrer in der Oberstufe, ein glühender Fußballfan aus Duisburg, verwendete sie im Unterricht zur Disziplinierung seiner Schüler. Ich glaube, er hat in drei Jahren Unterricht in unserem Kurs häufiger rot gezogen als ich in 26 Jahren auf dem Fußballplatz.

Es ist ein ungeschriebenes Gesetz (und die Bekleidungshersteller halten sich daran, indem sie die Schiedsrichterhosen mit besagter Tasche ausstatten), dass der Schiedsrichter die rote Karte in der rechten hinteren Gesäßtasche trägt. Der Griff an den Hintern ist für Spieler und Zuschauer ein Alarmsignal: Gleich fliegt einer. Der Begriff der »Arschkarte«, die man angeblich gezogen hat, und der Eingang gefunden hat in den allgemeinen Sprachgebrauch, stammt exakt aus diesem Kontext. Mittlerweile machen manche Kollegen sich einen Spaß daraus, ab und an die Position der Karten zu vertauschen und die gelbe Karte aus der Gesäßtasche zu ziehen. Das hat gerade unter den betroffenen Spielern einen gewissen Schockeffekt.

Sollte man die Karten einmal vergessen haben, muss man sich zu helfen wissen: In meinem Schiedsrichtermäppchen trage ich noch immer eine selbstgebastelte rote Karte mit mir herum: Ein Schiedsrichterkollege, mit dem ich oft gemeinsam bei Spielen unterwegs war, ich als sein Assistent oder er als meiner, bemerkte einmal in der Kabine, dass seine kleine Tochter ihm die rote Karte aus dem Mäppchen gemopst haben musste. In seiner Jackentasche fand der Kollege zufällig eine Postkarte, ganz in Rot gehalten. Er faltete sie einmal in der Mitte, klebte sie mit Tesafilm zusammen und nahm sie mit aufs Feld. Er musste das Provisorium an diesem Tag sogar benutzen; es soll nicht weiter aufgefallen sein. Nach dem Ende seiner aktiven Laufbahn schenkte er mir die Karte; »Mund- und fußmalende Künstler« steht in kleiner Schrift in einer der Ecken. Noch lustiger hätte ich gefunden, wenn die Karte von der Blindenmission gewesen wäre.

Während der letzten Fußballweltmeisterschaft habe ich festgestellt, dass die Signalkarten nicht nur auf Kinder offenbar eine faszinierende Wirkung haben. Dass ich den gesamten Nachwuchs meines Freundeskreises mittlerweile mit Gelb und Rot ausgestattet habe (finanziell ist das zu verschmerzen), versteht sich von selbst. Aber in diesen vier WM-Wochen kam es dann doch häufiger einmal vor, dass auch die Erwachsenen, wenn gerade einmal eine Karte im Fernsehen verteilt wurde, beiläufig fragten: »Hast du eigentlich auch so Karten hier?« Und dann mussten die geholt werden, ich habe immer vier gelbe und vier rote Karten vorrätig, und in die Hand genommen werden, und selbstverständlich musste jeder, der die Karte in die Hand nahm, die klassische Geste vollziehen: die in die Luft gereckte Signalkarte. Und ebenso selbstverständlich machten meine Freunde dabei dieses ironische Gesicht, das mir zeigen sollte: Ich finde das ja ein bisschen lächerlich, dieses Machtgehabe. Aber mitnehmen wollten sie sie alle. Mein letztes gelbrotes Kartenpaar ging im Sommer 2014 an den Redakteur einer großen deutschen Tageszeitung, hinter der sich sonst kluge Köpfe verstecken. Er trug meine Arbeitswerkzeuge voller Freude aus meiner Wohnung hinaus. Heute liegen sie in der Redaktion auf seinem Schreibtisch.

Also, die Tasche ist gepackt, selbstverständlich habe ich die Schuhe geputzt, bevor ich sie eingepackt habe, und ich packe auch alles selbst ein; es gibt tatsächlich noch ältere Schiedsrichterkollegen, denen ihre Frau die Tasche packt und die sich dann ärgern, wenn etwas fehlt. Das ist eine Frage der Generationen und der Milieus, beides ist bei der Schiedsrichterei kräftig durchmischt. Ein älterer Kollege, der seine aktive Laufbahn beendete, hielt bei seiner Verabschiedung eine Rede, in der er auch seine Frau lobte: In den 40 Jahren bis zu seiner Pensionierung sei das Essen kein einziges Mal kalt gewesen, wenn er in der Mittagspause nach Hause gekommen sei. Das ist doch auch mal eine Lebensleistung.

Es gibt noch drei Dinge, die unabänderlich zur Spielvorbereitung gehören: Ich rasiere mich, ich spüle meine Nase mit Emser Salz durch, ich esse einen großen Teller Spaghetti Bolognese, und zwar nach Möglichkeit exakt drei Stunden vor Spielbeginn, es sei denn, die Anreise ist so weit, dass ich früher losfahren muss. Ich weiß nicht, warum es Spaghetti Bolognese sein müssen; vielleicht, weil es auf Lehrgängen in der Hessischen Sportschule in Grünberg immer vor den Leistungstests Spaghetti Bolognese gibt; vielleicht auch, weil ich glaube, gelesen zu haben, dass die deutsche Nationalmannschaft seit den 80er-Jahren sich während internationaler Turniere von nichts anderem als Spaghetti Bolognese, Bananen und (inoffiziell natürlich) Bier ernährt hat, und wenn die deutsche Nationalmannschaft in den 80er-Jahren etwas hatte, dann war es Kraft.

Die Anreise zu einem Spiel versuche ich immer so zu planen, dass ich 75 Minuten vor Spielbeginn am Spielort eintreffe. Früher ist schlecht, weil ich dann nicht weiß, was ich tun soll; später ist auch schlecht, weil die Zeit dann nicht reicht für das, was zu tun ist, also: im Vereinsheim einen Kaffee trinken, ein bisschen Atmosphäre aufnehmen, den Platz kontrollieren, sich umziehen, warmlaufen, dehnen. Wie gesagt: Der gesamte Spieltag bis zum Anpfiff hat im Grunde einen bis auf die Minute genau eingespielten Ablauf. Bei anderen Schiedsrichtern geht es weitaus lockerer zu; sie bleiben bis 30 Minuten vor Spielbeginn beim Kaffee sitzen, plaudern mit Kollegen, alten Bekannten oder dem Wirt der Vereinskneipe, gehen dann betont lässig in ihre Kabine und anschließend auf den Platz, ohne sich warmgelaufen zu haben. So könnte ich das nicht. Ich finde, die Spieler, ganz egal in welcher Klasse, haben ein Recht darauf, ernst genommen zu werden. Sie bereiten sich auf das Spiel vor, sie haben trainiert und sich eine Taktik ausgedacht. Und all das dürfen sie auch von mir als Schiedsrichter erwarten, selbst dann, wenn sie nur in der B-Klasse spielen.

Und noch einen Tick habe ich. Ich nenne ihn den Schnürsenkeltick. Bis vor kurzem war es mir erstaunlicherweise gelungen, ihn vor allen anderen Menschen, auch vor meinen Schiedsrichterassistenten, zu verbergen: Vor jedem

Spiel und auch in der Halbzeitpause mache ich mindestens fünfmal, wenn nicht gar noch häufiger, meine Schnürsenkel auf und wieder zu. Immer habe ich das Gefühl, sie sind zu fest oder zu locker gebunden; die Schuhe sitzen nicht richtig; ich werde Krämpfe bekommen oder mir Blasen laufen, mich unwohl fühlen oder über ein unbemerkt aufgegangenes Schuhband fallen. Wie gesagt, dieses Auf und Wiederzu mache ich schon immer und ständig.

Und dann das: Es war Halbzeit in einem für beide Mannschaften ziemlich bedeutenden Spiel; es ging gegen den Abstieg; die Saison war so gut wie vorbei. Bis dahin lief das Spiel ganz gut für uns; unsere Entscheidungen wurden akzeptiert. In der Kabine öffnete ich – naturgemäß! – den rechten Schnürsenkel, er saß nicht richtig, jedenfalls nicht für mich, und machte ihn wieder zu, er saß immer noch nicht richtig, also machte ich ihn wieder auf. Nein, ebendas gerade nicht. Ich fabrizierte einen Doppelknoten. Ich kann nämlich, vielleicht ist das die Ursache für all das, keine korrekte Schleife binden. Angeblich mache ich immer eine Drehung zu viel.

Ich zog also das Schuhband auf und verknotete es hoffnungslos. Vielleicht war es auch ein Dreifachknoten. Ich zog daran und zog ihn selbstverständlich noch fester zu. Ich blickte auf – und war mitten in meinem Alptraum. Die Schiedsrichterkabine hatte ein Fenster. Die Mannschaften waren bereits wieder auf dem Platz und guckten in Richtung unserer Kabine. Ebenso die Zuschauer. Ich war völlig perplex, zeigte auf meine Schuhe und sagte: »Ich bekomm den Knoten nicht mehr auf.« Mein Assistent öffnete den in der Kabine an der Wand hängenden Verbandskasten, holte die sich darin befindliche Schere heraus und durchtrennte den gordischen Knoten. Zum Glück, nein selbstverständlich hatte ich noch ein Ersatzschuhband in meiner Sporttasche. Hektisch, mit leicht zitternden Händen fädelte ich es ein und band es zu, vorsichtig, sehr vorsichtig. Der Knoten saß. Fünf Minuten später als die beiden Mannschaften liefen wir auf den Platz. Die Zuschauer spendeten uns ironischen Beifall.

PLATZBEGEHUNG
Sportplätze. Eine Heimatkunde

Der Spielauftrag lag im Briefkasten, wie üblich zur Zeit, als E-Mail als Kommunikationsmittel noch weit entfernt war. Die Verteilung der Spielaufträge war jeweils ein Höhepunkt: Alle zwei Monate holte ich einen Umschlag aus dem Briefkasten, versehen mit dem Respekt gebietenden Stempel des Spieleinteilers und dem Briefkopf des Hessischen Fußball-Verbandes darauf. Ich wog den Umschlag jedes Mal erst mit der Hand, fühlte die Dicke, versuchte zu schätzen, wie viele Einsätze man mir für die kommende Zeit zugedacht haben mochte. Erst danach öffnete ich ihn und guckte mir jedes Spiel einzeln an, die aus der Zeitung ausgeschnittenen Tabellen der einzelnen Ligen und eine Landkarte auf dem Tisch: War es ein Spitzenspiel? Ein Derby? Ein Abstiegskracher? Wie weit würde ich fahren müssen und in welche Gegend? In die Stadt oder noch weiter hinaus aufs Land, als ich, damals noch bei meinen Eltern lebend, ohnehin schon wohnte? Am Anfang sagten mir die Orte naturgemäß nichts; ich war eine unbeschriebene Karte, die sich im Lauf der Jahre mit Spielorten, Fahrtrouten,

Landschaften und vor allem aber mit Sportplätzen füllen sollte.

Jener Name, der an diesem bestimmten Tag als gastgebender Verein auf der Spielauftragskarte aufgeführt war (eine Postkarte, die man zur Bestätigung des Erhalts zurückschicken musste, war stets angehängt; heute genügt dafür ein Mausklick), war mir nun aber doch gänzlich unbekannt: TSV Bullau. Ich hatte nicht einmal in den Erzählungen der älteren, erfahrenen Schiedsrichter, die sich auf den regelmäßigen Treffen ihre Anekdoten und Kriegserlebnisse erzählten, während wir Frischlinge danebensaßen und dachten, dass wir so etwas auch einmal erleben wollten, von dem Ort gehört. Ich guckte in die Landkarte und fand einen Ort namens Bulau, mit einem L; das kannte ich aber, da war ich schon vorbeigefahren; das waren ein Hotel und eine Festwiese, sonst nichts; einen Sportplatz jedenfalls gab es dort unter Garantie nicht. Ich rief also den Spieleinteiler an, den sogenannten Schiedsrichterobmann. Der Mann kam aus dem Odenwald, und wer schon einmal einen Odenwälder getroffen hat, wird umgehend diesen charakteristischen, leicht dunkel eingefärbten Tonfall mit einem gerollten R im Kopf haben, in dem auch er sprach. Das Telefonat verlief in etwa so:

Ich: Entschuldige bitte, lieber Rainer, aber du hast mir da ein Spiel geschickt, TSV Bullau. Ich weiß nicht, wo das sein soll.

Er: Hast ä Landkart näbber dir?

Ich: Äh, ja.

Er: Do suchste emol Ärboch im Oohdewald, gefunne?

Ich: Ja.

Er: Donn nimmste emol de Fingä, biegste in Ärboch links ob, und dann folgste de Stroß so long, bisses griee werd. Hostes?

Ich: Ähm, ja.
Er: So, und wenn die Stroß zu Änd iss, biste in Bullau. Alles kloar?
Ich: Ja, danke.
Er: Alles kloar, nächstmol weißte Bscheid.

Zwei Wochen später machte ich mich an einem warmen Sonntagvormittag im August auf in den Odenwald. Man darf nicht vergessen, dass Schiedsrichter, die ihre ersten Erfahrungen im Erwachsenenbereich sammeln, zumeist auch gerade Führerscheinneulinge sind. In der heutigen Zeit ist man dank Navigationsgeräten eines Großteils der Verantwortung enthoben, was ein wenig schade ist, weil damit auch ein Prozess der Entzauberung verbunden ist. Damals allerdings gestaltete sich die Anfahrt zu einem Spiel folgendermaßen:
1. Auf der Straßenkarte den entsprechenden Ort heraussuchen.
2. Sich den Weg grob einprägen.
3. Sich während der Fahrt fragen, an welcher Stelle man denn jetzt schon wieder falsch abgebogen sein könnte, und vor allem, wie man wieder zurück auf die richtige Route kommen könnte.

Und:
4. Bei alldem auch noch die Kontrolle über das Auto behalten.

In meiner Anfangszeit handelte es sich dabei um das Auto meines Vaters, einen Opel Ascona mit Stufenheck und Automatikgetriebe, der ein Jahr später, nach dem Abitur, von meinem ersten eigenen Auto, einem klapprigen Fiat Panda, abgelöst wurde, einer echten Kiste mit Stahlrohrsitzen und Stoffauflage, 34 PS, denkbar mittelgebirgsungeeignet, worauf der Schiedsrichteransetzer selbstverständlich keine Rücksicht nehmen konnte.

In diesem Panda also brach ich zunächst einmal nach Erbach auf, fuhr die Hauptstraße entlang, bis ich an einer Ampel, wie vom Chef prophezeit, ein Linksabbiegerschild sah: »Bullau, 9 km«. Nun sind auf einer gewöhnlichen Straßenkarte zwar die verschlungenen Wege eingezeichnet, nicht aber die Höhenlinien. Von nun an ging es bergauf. In den Wald. In Serpentinen. Die Straße wurde schmaler. Der Panda ächzte. Ich schaltete wie ein Blöder und gab Vollgas, immer in der Angst, der Motor könne mir ausgehen, das tat er gelegentlich, auch die Handbremse war nicht die zuverlässigste, und hinter mir hatte sich mittlerweile eine kleine Schlange weitaus stärker motorisierter Autos mit ungeduldigen Fahrern gebildet. Es wurde gehupt. Die Zeit dehnte sich, ich begann zu schwitzen. Noch eine Kurve, und da vorne wurde es heller. Ich schien oben zu sein.

Ich fuhr zur Seite auf einen Parkplatz, ein Schild »Naturpark« stand dort, ließ die Autos hinter mir vorbei, stieg aus und erntete böse Blicke, lüftete meine Achseln, stieg wieder ein und fuhr nach Bullau hinein. Aber was hieß das schon? Ein sich an der Straße entlangziehendes Dorf, kaum Nebenstraßen, weiter hinten sah man den Wald, da war offenbar schon wieder Ende, da erblickte ich eine holzgeschnitzte Tafel: »Sportplatz«. Ich bog ab, fuhr zwischen zwei Ställen hindurch über einen Feldweg, zur Rechten lag eine Weide, die, wie es mir vorkam, nahtlos überging in eine rechteckige Wiese. Darauf standen zwei Tore. Ich erkannte Kreidemarkierungen, hinter einem der Tore stand ein Haus, das Vereinsheim mit den Umkleidekabinen. Ich hatte Bullau gefunden. Ich hatte den Sportplatz von Bullau gefunden. Und ich kann jetzt, gut 20 Jahre später, sagen, dass es Tage wie dieser waren, die dafür gesorgt haben, dass ich Schiedsrichter geblieben bin.

Der Platz war kurz und eng. Mit neun gegen neun Spielern hätte man hier ganz passabel kicken können. Es war das erste Heimspiel für Bullau in dieser Saison nach zwei Aufstiegen hintereinander und ich schätze, dass nicht nur das ganze Dorf, sondern auch noch das halbe Nachbardorf da war. Das Spiel war aggressiv, die Zuschauer waren laut, und wenige Minuten vor Schluss pfiff ich einen umstrittenen Strafstoß gegen Bullau, der verwandelt wurde zum Endstand von 2:2. Das Volk war erbost, die Spieler murrten. Ich konnte mich nicht erinnern, bis dahin jemals ein derart anstrengendes Spiel gepfiffen zu haben.

Ich schloss mich in der Kabine ein, rauchte zwei Zigaretten, duschte – und wurde im Anschluss von einem älteren Herrn, einem Betreuer des Vereins, in die Gastwirtschaft zu Kochkäse und Hausmacherwurst gebeten. Niemand kritisierte meine Leistung, niemand pöbelte mich an. Die Leute saßen dort, tranken ihr Bier, diskutierten das Match, und als ich die Wirtschaft verließ, wurde ich mit Handschlag verabschiedet.

Es war und ist seit den 90er-Jahren ein beliebtes Verfahren von intellektuellen Fußballfans, eine Verbindung herzustellen zwischen der augenblicklichen politischen Situation und der Spielweise einer Nationalmannschaft. Salopp gesagt: Als Willy Brandt an die Regierung kam, wurde progressiver Fußball gespielt, Netzer und Co konnten sich voll entfalten, unter Helmut Schmidt wurde es schon ein wenig verkrampfter, und in der Ära Kohl folgte dann mit dem beckenbauerschen Sicherheitsfußball der neokonservative Backclash. Ich habe derartige Theorien schon immer bestenfalls für einen launigen Zeitvertreib, im Grunde aber für vollkommenen Unfug gehalten.

Ich glaube an etwas anderes, nämlich an den Zusammenhang von Topographie, Landschaft und Mentalität. Ich glaube daran als Literaturkritiker, und ich glaube daran im Fußball. Und der Schauplatz dieses für mich völlig offensichtlichen Zusammenhangs ist im Amateurfußball der Sportplatz. Ich bin verliebt in ungewöhnliche Sportplätze. In ihre Lage, in die Art und Weise, wie sie in, neben, an oder über einem Dorf plaziert sind, in die Kuriosität ihrer Beschaffenheit, in die Eigenheit ihrer Spieloberflächen, in die Besonderheit ihrer Ausmaße, in die Art und Weise, wie sie in die Umgebung hineingesetzt sind. Zum ersten Mal an einen Sportplatz heranzufahren, mich umzuziehen und warmzulaufen, die Atmosphäre zu erspüren, abzuschätzen, wie dicht die Zuschauer am Spielgeschehen sind, ist für mich in etwa so aufregend, wie ein Buch aufzuschlagen und plötzlich eine Welt zu entdecken, die ich so noch nicht gekannt habe.

Auch als Fußballfan hatte ich früher ähnliche, wenn auch nicht ganz so intensive Erlebnisse. Das Stadion meines Lieblingsclubs Eintracht Frankfurt hieß früher Waldstadion, und das aus gutem Grund. Nach dem Anmarsch durch den Stadtwald befand man sich auf den unüberdachten Stehtribünen, über sich den Himmel, ausgesetzt dem Regen, dem Schnee oder der Sonne. In der Ferne sah man gegebenenfalls ein Stück von der Stadt, unten war das Spielfeld umgeben von einer Laufbahn und unendlich weit weg; selbst wenn das Stadion ausverkauft war, verloren sich die Anfeuerungsrufe im weiten Rund.

Heute dagegen gibt es in der Bundesliga nur noch Arenen. Das Waldstadion heißt Commerzbank-Arena, von meinem Sitzplatz aus sehe ich den Himmel nicht, wenn man aufsteht, wird man von einem Ordner aufgefordert, sich wieder zu setzen, dafür ist man dicht dran, weil es keine Laufbahn mehr gibt. Das Spielfeld ist hier genauso groß wie in jedem anderen Stadion der ersten und zweiten Fußballbundesliga auch, nämlich 105 Meter lang und 68 Meter breit, darunter liegt eine Rasenheizung, das ist Pflicht, kurz gesagt: Die Umwelt und das Wetter haben in der Bundesliga keinen Einfluss mehr auf den Verlauf einer Begegnung.

Die einzige Ausnahme im deutschen Fußball ist der SC Freiburg. Dessen Platz war bis vor wenigen Jahren noch deutlich kürzer und deutlich breiter als jeder andere Platz, was beim Gegner stets für Verwirrung sorgte. Im Zuge des Zwangseinbaus der Rasenheizung musste der Platz verschmälert werden; nur für eine Verlängerung war kein Raum mehr, weswegen jetzt zwei Meter fehlen und der SC Freiburg Heimspiele im Europapokal dort nur mit einer Sondergenehmigung der UEFA austragen darf.

Auch die Zeiten, in denen die hochbezahlten Profis in atmosphärisch aufgeladenen, engen Stadien wie dem alten Aachener Tivoli, dem Millerntor auf St. Pauli oder dem Mönchengladbacher Bökelberg sich in kleinen, wenig einladenden Kabinen umziehen und sich dann durch einen schmalen, dunklen, verschimmelt riechenden Gang auf das Spielfeld und in einen infernalischen Lärm hineinbegeben mussten, sind vorbei. Tivoli und Bökelberg sind abgerissen und, na klar, durch sogenannte Arenen ersetzt; das Millerntor ist grundsaniert.

Der Heimvorteil in den beiden Fußballbundesligen besteht also heute nur noch darin, dass mehr Zuschauer in mehr oder weniger austauschbarer Umgebung die Heimmannschaft lauter anfeuern als die Gastmannschaft. Doch das ist im Amateurfußball vollkommen anders. Dort werden nicht die Gegebenheiten dem Spielfeld angepasst, sondern das Spielfeld muss sich den Gegebenheiten anpassen. Und ein Auswärtsspiel bedeutet für die Gastmannschaften eher nicht, sich gegen den lauten und intensiven Support der gegnerischen Fans stemmen zu müssen, sondern mit dem Terrain an sich zurechtzukommen.

Das beginnt allein schon bei der Abmessung der Spielflächen. Laut Regelwerk hat ein Platz zwischen 90 und 120 Meter lang und zwischen 45 und 90 Meter breit zu sein, wobei die Seitenlinien stets länger sein müssen als die Torauslinien. In diesem Korridor ist alles möglich, theoretisch also auch ein Platz mit den Maßen 90 mal 89 Meter. In Unterfranken war ich einmal auf einem Sportplatz, der zwar nicht ganz quadratisch war, dem aber aus unerfindlichen Gründen doch relativ nahe kam; er war nämlich nur etwa 95 Meter lang, aber 75 Meter breit. Man erkennt die breiten Plätze immer am Abstand der 9,15-Meter-Markierung zwischen Eckfahne und Strafraum.

Ein extrem breiter Platz ist für einen Schiedsrichter teuflisch. Denn sein Laufweg führt von einem Strafraumeck diagonal über den Platz zum anderen. Entscheidend für die Laufanforderung ist also die Breite mindestens so sehr wie die Länge eines Platzes. Auf besagtem Platz in Franken stellten die Maße aber nicht nur für mich eine Herausforderung dar. Die Heimmannschaft hatte ihr Spiel auf die ungewöhnlichen Verhältnisse zugeschnitten; sie spielte weite und hohe Bälle auf die Außenbahnen, zog das Spiel auseinander und riss Löcher in die Abwehrkette des Gegners. Der wiederum kam mit den Verhältnissen überhaupt nicht zurecht, schlug, im Bewusstsein der vermeintlichen Größe des Platzes, die Pässe in die Spitze viel zu lang nach vorne, so dass diese regelmäßig im Toraus landeten. Auch diesen Platz gibt es mittlerweile nicht mehr; er lag mitten im Ort, Baugrund ist begehrt, also stehen darauf heute Wohnhäuser.

Der größte Fußballplatz Hessens wiederum ist einfach nur insgesamt riesig (man kann das ja mit Hilfe eines Programms namens Google Trail exakt ausmessen; viele Trainer machen das im Vorfeld einer Partie im Internet und konstruieren dann im Training in der Woche vor einem Match Spielfelder, die exakt der Größe des Auswärtsplatzes am kommenden Wochenende entsprechen), nämlich 118 Meter lang und mehr als 70 Meter breit – eine irritierende Erfahrung für Spieler wie Schiedsrichter, schließlich hat man gewisse Laufwege im Gefühl und weiß: Hier müsste nun eigentlich der Strafraum kommen, hier könnte ich jetzt eigentlich auch einmal einen Torschuss wagen – nur ist das Tor nicht 18, sondern 28 Meter entfernt. Selbst für die Heimmannschaft ist das nicht mehr unbedingt ein Vorteil, gerade wenn einige nicht mehr ganz junge Spieler in der Startelf stehen. Wie ich gehört habe, weicht besagter Verein mit dem Riesenplatz in letzter Zeit gerne einmal auf den benachbarten, kleineren Kunstrasen aus. Dort sind konditionelle Schwächen nicht so offensichtlich.

Man kann an exotischen Spielorten so ziemlich alles finden, was vorstellbar und unvorstellbar ist: Plätze, die in den Felsen hineingesprengt sind, so dass die Zuschauer hoch oben über dem Platz auf das Geschehen gucken; Plätze, denen man deutlich anmerkt, dass die Welt nun einmal keine Scheibe ist, weswegen der Platz auf der einen Seite durchaus einmal einen Meter tiefer gelegen ist als auf der anderen. In einem solchen Fall haben selbstverständlich auch die Tore eine unterschiedliche Höhe. Während ich auf der einen Seite die Torlatte umfassen kann, ohne mich groß zu bemühen, komme ich auf der anderen Seite erst gar nicht dran. In der Zweiten Bundesliga fiel einem mehr als zwei Meter großen Schiedsrichterassistenten einmal bei der Platzbegehung vor dem Spiel auf, dass das Tor viel zu niedrig sein musste, also grub man die Pfosten aus, hob das Tor an und grub die Pfosten wieder ein. Das Spiel begann mit 30 Minuten Verspätung.

Ich habe auf einem Platz gepfiffen, der die Woche über als Parkplatz benutzt und nur am Wochenende zum Sport gebraucht wird; die Reifenprofile hatten sich in den Untergrund gegraben und sorgten sozusagen für unberechenbare Zuspiele. Ich habe auf Wiesen gepfiffen und auf Äckern. Sportplätze haben einen Charakter, eine Seele. Und schon seit längerer Zeit sind Aficionados in der ganzen Welt unterwegs, um Amateurplätze zu besuchen und zu fotografieren, einfach so, weil sie da sind. Ihre Reisen dokumentieren die Groundhopper auf einer eigenen Homepage.

Viel stärker also als im genormten Profifußball können im Amateursport die äußeren Umstände Leistungsunterschiede ausgleichen, können Kampf- und Laufstärke technische Unterlegenheit wettmachen. Wie gravierend das sein kann, zeigt das Beispiel einer meiner Lieblingssportplätze. Zum ersten Mal war ich dort, als ich 20 Jahre alt war, und schon seinerzeit konnte ich es kaum fassen: Birkenau, am südlichsten Zipfel von Hessen gelegen, direkt an der Grenze zu Baden-Württemberg, inmitten einer Gegend, die des Öfteren Anlass gibt zu fragen, ob sich irgendwer einmal das Ziel gesetzt hat, Sportplätze möglichst unauffindbar und kurios zu plazieren. Meist liegen sie weit außerhalb des Ortes, an steilen Straßen, hineingefräst in irgendwelche Hänge, wo dann naturgemäß wenig Raum ist, bevor es wieder steil abwärtsgeht.

In Birkenau ging das früher so: Man fährt nach Birkenau hinein, dem Wegweiser »Zum Sportplatz« nach, über eine Brücke und einen kleinen Bach. Irgendwo dort ist der Ort dann auch zu Ende, und die Wegweiser hören auf. Weil es nur den einen Weg gibt, fährt man aber weiter, unter einer Schienenunterführung hindurch, auf einen bewaldeten Berg zu. Und plötzlich steht dort wieder der Sportplatzwegweiser, nur zeigt er nach oben, den Berg hoch. Man holpert also über den schmalen Waldweg, der sich einmal rund um den Berg zieht, aufwärts. Dem Gegenverkehr auszuweichen, wäre unmöglich, aber es gibt auch keinen, weil vor 15 Uhr alle Menschen den Berg hochfahren zum Sportplatz und nach dem Spiel alle wieder in die Gegenrichtung zurück. Antizyklische Bewegungen sind nicht eingeplant. Und ganz oben, auf der Bergkuppe, liegt der Platz, ein Übel von einem Fußballplatz in idyllischster Umgebung: ein Hartplatz, der sich, wenn man auf ihm läuft, so anfühlt, als hätte jemand auf einem Betonboden eine dünne Staubschicht ausgestreut – ein Eindruck, der noch unterstützt wird, sobald auch nur ein Windhauch aufkommt, der den gesamten Platz in eine rote Wolke hüllt.

Entstanden ist das Spielfeld, so erzählte man mir einmal, unmittelbar nach dem Krieg, als die Amerikaner dort, wo eben gerade Platz war, der nicht gebraucht wurde, also dort oben auf dem Berg, mit ihren Panzern ein Grundstück rodeten und planierten. Dabei blieb es. Der Acker war bei den Gastmannschaften gefürchtet und verhasst, obwohl er einen großen Vorteil bot: Lag man einmal in Führung, konnte man die Bälle einfach kraftvoll so hoch und so weit wie möglich ins Toraus und in Richtung Tal befördern. Irgendwann waren dann sämtliche Ersatzbälle aufgebraucht und mussten gesucht werden, erst dann konnte es weitergehen. Das war Zeitspiel der legalen Art. Der Haken an der Sache war allerdings, dass die Gastmannschaften in Birkenau selten einmal führten. Sie fuhren auf den Berg, ließen die Punkte da und fuhren wieder runter. Im Gegenzug wiederum gewann das Heimteam als Auswärtsmannschaft auf einem großen Rasenplätz keinen Blumentopf und wurde zumeist mit hohen Niederlagen nach Hause geschickt.

Einmal standen Heimmannschaft und Schiedsrichter auf dem Platz in Birkenau und warteten auf den Gegner. Wenige Minuten vor dem eigentlichen Spielbeginn tröpfelten Trainer, Betreuer und Spieler der Gastmannschaft nach und nach ein, hatten ihre schweren Taschen und den Trikotkoffer zu Fuß nach oben geschleppt. Sie sollten zum ersten Mal hier spielen, kannten die Gegebenheiten nicht und waren auf die verwegene Idee gekommen, mit einem Bus anzureisen. Der Bus kam den schmalen Waldweg nicht hoch. Der Fußweg nach oben dürfte mindestens so frustrierend gewesen sein wie das gesamte Spiel.

Ein Sonntagnachmittag in Birkenau. Ich saß in der Schiedsrichterkabine, war umgezogen, warmgelaufen, packte meine Pfeife und die Karten ein und bereitete mich auf den Anpfiff vor. Die Kabinen hatten in etwa dieselbe Qualität wie der Platz; in die Schiedsrichterkabine passten ein Stuhl und ein Tisch, sonst nichts. Zum Duschen musste man ins Freie, um das Gebäude herum, in die Kabine der Heimmannschaft. Zudem war das Kabuff nur durch eine dünne Wand von der Gästekabine getrennt. Und nun, fünf Minuten vor Spielbeginn, hielt der Trainer eine Ansprache, wie ich sie noch nie in meinem Leben zuvor oder danach gehört hatte. Er brüllte, schrie und tobte. Dass man jetzt da rausgehen werde und diesen Drecksäcken alles heimzahlen werde, diesen Scheißplatz und diese beschissene Anfahrt und all den Staub, den man gleich schlucken würde. Dass man diese Penner in die unterste Liga treten werde, wo sie hingehörten, damit man nie wieder hierhermüsse.

Derart aufgepeitscht, gingen die Spieler in ihren vor Spielbeginn himmelblauen Trikots auf den Staubplatz – und verloren das Spiel selbstverständlich. Nach Spielschluss beschimpften mich zwei der frustrierten Kicker und sahen noch die rote Karte; der Trainer tobte sich anschließend nicht in seiner, sondern in meiner Kabine aus und erhielt daraufhin vom Sportgericht zwei Wochen Sportplatzverbot. Am Ende der Saison stiegen nicht die Birkenauer, sondern die Gäste ab.

Das Problem an solchen Spielflächen allerdings ist: Vereine brauchen Nachwuchsmannschaften. Eltern sind mittlerweile äußerst sensibel in Bezug auf das, was sie für zumutbar für ihre Kinder halten. In Birkenau waren irgendwann sehr viele Eltern der Meinung, es sei nicht mehr zumutbar, ihre Kinder im Sommer wie im Winter mit dem Fahrrad einen steilen, unbeleuchteten Waldweg weit außerhalb des Ortes hochkraxeln zu lassen, damit sie sich dort Knie und Ellenbogen blutig schlagen und nach Training und Spiel, stets in starker Fußpilzgefahr, mit kaltem Wasser abduschen müssen. Also wurde zuerst der Waldweg durch Sprengungen verbreitert und anschließend asphaltiert und elektrisch beleuchtet. Sodann wurde der Staubplatz durch einen Kunstrasen ersetzt. Man baute hohe Fanggitter, damit die Bälle nicht mehr zu Tal fliegen können. Und nachdem all das geschafft war, gewann die Mannschaft eine Saison lang so gut wie kein Heimspiel mehr. Die Gegner hatten die Angst verloren. Was dort oben auf dem Berg nun lag, war ein wunderbarer, harmonisch in die Natur eingebetteter Sportplatz mit schöner Aussicht. Es macht nach wie vor großen Spaß, dort zu pfeifen. Wie ich hörte, soll es sogar demnächst in einem zweiten Bauabschnitt neue Umkleidekabinen und eine eigene Schiedsrichterdusche geben. Aber irgendwie würde ich auch gerne darauf verzichten und hätte stattdessen weiterhin Staub geschluckt.

Auch ein anderer äußerst kurioser Sportplatz in der Wetterau nördlich von Frankfurt ist in seiner Einzigartigkeit den äußeren Gegebenheiten geschuldet. Schon beim Warmlaufen hatten wir ein merkwürdiges Gefühl, und als das Spiel lief, merkten wir es: Wir befanden uns nicht auf einem Rechteck, sondern auf einem Trapez. Die Linien liefen wirr über das Spielfeld, weder standen Seiten- und Torauslinie in einem 90-Grad-Winkel zueinander, noch liefen die Strafraum- und die Seitenauslinie parallel.

Besonders schwierig war es für die beiden Assistenten, die sich im Normalfall für die Abseitsbeurteilung auch an den Spielfeldlinien orientieren und in diesem Chaos vollkommen die Maßstäbe verloren. Nach dem Spiel fragten wir dann mal nach. Nun ja, erklärte der Spielausschussvorsitzende, das sei eben so, dass auf der einen Seite des Grundstücks ja der Bach fließe, auf der anderen Seite wiederum der Privatbesitz von Bauer X beginne, und da habe man damals, als der Platz angelegt worden sei, diesen eben genau in die von der Gemeinde zur Verfügung gestellte Fläche eingepasst, damit er überhaupt die erforderliche Größe habe. Und das sei dann dabei geblieben; der Platz sei vom Verband abgenommen und für spielfähig erklärt worden, also spiele man darauf. Ich ging noch einmal auf das Spielfeld, lehnte mich gegen den linken Torpfosten und schaute zum gegenüberliegenden Tor. Das stand etwa zehn Meter nach links versetzt. Man spielt hier also nicht direkt geradeaus, sondern quer. Auf die Idee, das irgendwie einmal zu begradigen, ist aber offenbar noch niemand gekommen.

Überhaupt gehen die Meinungen zwischen Vereinen und Schiedsrichtern in Bezug darauf, was ein ordentlich bespielbarer Platz ist, nicht selten weit auseinander. Einmal hatte es Anfang März noch einmal von Samstag auf Sonntagnacht geschneit. Mein Spiel am Sonntag sollte, wie ich in Erfahrung gebracht hatte, trotzdem stattfinden. Ich fuhr also zum Spielort und fand einen komplett zugeschneiten, nicht geräumten Sportplatz vor. Einige der Linien hatte man eher notdürftig mit einem Schneeschieber freizukratzen versucht; in einem der beiden Strafräume hatten Kinder am Morgen einen Schneemann gebaut. Der stand da noch herum, während die ersten Spieler schon aus den Kabinen kamen, um sich warmzumachen.

Hier würde ich nicht anpfeifen, sagte ich. Warum das denn nicht, fragte der Vertreter des Heimvereins, der Schneemann komme ja noch weg. Ob der Schnee auch noch wegkomme, wollte ich wissen, oder ob man zumindest gedenke, noch ein paar Linien freizuräumen. Ach, das sei alles gefroren, bekam ich zur Antwort, das müsse eben auch so gehen. Geht nicht, sagte ich. Da wurde man böse. Ob ich wisse, dass das heute ein Traditionsderby sei; man erwarte mindestens 500 Zuschauer; der Kaffee im Vereinsheim sei gekocht, die Brötchen seien geschmiert. Das, so antwortete ich, würde mich nicht weiter stören, aber ich entschloss mich, noch einmal über den Platz zu marschieren. Ich sank im Schnee ein, auf der imaginären Mittellinie liefen sich Spieler der Heimmannschaft in kurzen (weißen) Hosen und weißen Stutzen warm. Sie hoppelten wie Häschen über den Acker. An meinem Kopf flog plötzlich ein Schneeball vorbei. Ich drehte mich um, nahm meine Sporttasche, verabschiedete mich nicht allzu freundlich, wurde nicht allzu freundlich verabschiedet und fuhr nach Hause.

Bei anderer Gelegenheit stellten wir bei der Platzkontrolle fest, dass sich ein Witzbold in der Nacht zuvor hier mit einer Schere eingefunden und an beiden Toren fein säuberlich die Maschen der Netze durchgeschnitten hatte. Nun ist das Spielen mit Netzen im Regelwerk nicht vorgeschrieben, wenn allerdings welche da sind, selbst in der Bundesliga hat man diese Erfahrung gemacht, wäre es schön, wenn sie auch dicht sind. Also fuhr ein Betreuer des Gastgebervereins nach Hause und kam mit zwei großen Packungen Kabelbindern zurück. Eine Stunde vor regulärem Spielbeginn begannen jeweils vier Leute an jedem Tor, die zerschnittenen Netze per Hand zusammenzuflicken; nach 75 Minuten hatten sie es geschafft. Das Spiel konnte mit einer Viertelstunde Verspätung beginnen. Es endete 0:0.

Zu den kostbarsten Gegenständen, die zum Inventar eines Sportplatzes gehören, zählt der sogenannte Abstreuwagen. Er wird verwaltet vom Platzwart. Der Platzwart hat innerhalb eines Vereins eine zentrale Stellung, schließlich hütet und versorgt er das Wichtigste und Heiligste, was ein Fußballclub überhaupt hat: die Spielfläche. Zugegeben, das ist mittlerweile eine weit weniger verantwortungsvolle Aufgabe als noch in früheren Jahren, als jeder Verein zumeist über einen einzigen Rasenplatz verfügte, auf dem sämtliche Mannschaften spielen mussten und über dessen Benutzung infolgedessen strengstens gewacht werden musste.

Die Platzwarte meiner Kindheit waren Respektspersonen; der meines Heimatvereins, ein kleiner Mann mit einem charismatischen Kinnbart, verscheuchte jeden, der es wagte, außerhalb der geregelten Trainings- und Spielzeiten den Platz zu betreten, drohend und fluchend in Richtung Dorfwiese. Man solle gefälligst dort, auf dem holprigen Gelände, kicken, nicht auf seinem (ja, seinem!) Rasen. Eines Tages spielte ich dort in den Ferien an einem Vormittag mit Freunden, einer von ihnen war der Sohn eines Lokalpolitikers. Der Platzwart kam angerannt und jagte uns davon; der Lokalpolitikersohn riskierte eine große Klappe; er werde das alles seinem Vater erzählen, darauf könne er, der Platzwart, sich verlassen; in zwei, drei Tagen könne er, der Platzwart, sich einen neuen Job suchen. Das solle, so der Platzwart, der Vater ihm doch bitte selbst mitteilen, solange er dabei nicht den Rasenplatz betrete.

Dass der Mann im Grunde aber Sympathie für uns hegte, stellte ich fest, als einmal zu einem unserer Spiele, ich war etwa zehn oder elf Jahre alt, kein Schiedsrichter erschien. Auch das kommt immer einmal vor. Also holte der Platzwart aus den Tiefen seiner Garage, in denen auch die Geräte zur Pflege des Geländes untergebracht waren, eine alte Trillerpfeife hervor und gab den Schiedsrichter. Aus unserer Mannschaft wagte selbstverständlich niemand, den Entscheidungen des Mannes zu widersprechen, schließlich kannten wir seinen Hang zu cholerischen Anfällen.

Unser Gegner allerdings zeigte sich zunehmend unzufrieden mit den Entscheidungen des sogenannten Unparteiischen. Die Kinder auf dem Platz nahmen sich noch zusammen, die Eltern draußen allerdings tobten. Der Platzwart rächte sich auf seine Weise: Wir führten mit 2:1, in der letzten Spielminute startete der Gegner einen vielversprechenden Angriff auf unser Tor, in dem ich als Torhüter stand. Ein

Stürmer lief, mit dem Ball am Fuß, ziemlich einsam auf mich zu – da pfiff der Platzwart das Spiel ab. Kurz herrschte eine Ruhe, die von Fassungslosigkeit geprägt war, dann liefen die Eltern auf den Platz. Der Aushilfsschiedsrichter schrie, er habe hier das Hausrecht und er werde die Polizei rufen und das Gelände räumen lassen, wenn nicht alle augenblicklich verschwänden. Das war den Eltern die Sache dann wohl auch nicht wert. Sie gingen. Das Resultat hatte Bestand. Ab jenem Tag grinste der Mann immer ein wenig schelmisch, wenn er uns sah. Irgendwie hatten wir gemeinsam einen Coup gelandet. Den heiligen Rasenplatz durften wir selbstverständlich trotzdem nicht ohne seine ausdrückliche Erlaubnis betreten.

Aber zurück zum Abstreuwagen: Auf vielen Plätzen ist es mittlerweile üblich, die Linien mit wasserfester Farbe auf den Rasen zu spritzen. Dann kann es regnen, so viel es will, die Linien bleiben sichtbar. Das ist allerdings ein relativ kostspieliges Verfahren, weil dafür eigens ein Gerät angeschafft werden muss. Auf Hart- oder Ascheplätzen funktioniert das ohnehin nicht. Dort muss der gute alte Abstreuwagen ran, ein Vehikel mit vier Rädern, ähnlich einem Rollator, und einem aufgesetzten Kreidebehälter, mit dem der Platzwart das Spielfeld abschreitet und die Linien zieht. Manche spannen dafür Schnüre, an denen sie entlanglaufen, manche machen das freihändig. Proportional zur Menge des am Abend zuvor genossenen Alkohols verhält sich dann die Exaktheit der Linienziehung am folgenden Morgen. Für einen Schiedsrichter gilt: Eine Linie ist eine Linie ist eine Linie. Und sei sie noch so schlangenförmig – sie hat Bestand. Noch ein Machtfaktor der Platzwarte. Zu Nachbesserungen sind sie aber ohnehin in den seltensten Fällen bereit. Selbst wenn es regnet und die Kreidelinien zum Teil bereits unkenntlich sind:

Ich: Man sieht die Mittellinie kaum noch. Könnten Sie die bitte noch einmal nachziehen?

Platzwart: Naaaa, kann isch net.

Ich: Warum nicht?

Platzwart: Ei, den Schlüssel für die Garasch hat de Schorsch, der iss heut net do, isch komm net an den Wagen dro.

Ich: Aber da steht doch ein Sack mit Kreide, da könnte man doch vielleicht mit der Hand ...

Platzwart: Ei, wann du dir die Finger dreckisch mache willst mit dem Zeig, nur zu. Isch hab Feierabend.

Ich: Äh, ja, wenn das so ist.

Irgendwer, das garantiere ich, wird später die Kreide in die Hand nehmen und die Linien nachziehen. Und das werde nicht ich, der Schiedsrichter, sein.

Vielleicht wurde in der Jugendfußballerzeit auch schon meine Faszination für die Atmosphäre von Dorfsportplätzen geweckt, für diese Mischung aus Bratwurstgeruch und Staub, die es heute kaum noch gibt, weil beinahe jeder Hart- und Ascheplatz durch einen pflegeleichten, allwettertauglichen und doch etwas seelenlosen Kunstrasen ersetzt wurde. Die Plätze, auf denen ich in meiner frühen Jugend bei Auswärtsspielen antreten musste, waren keine bequemen, fuß- und kniefreundlichen Teppiche, sondern feindliche Terrains, die dafür sorgten, dass ich alle sechs Monate eine neue, gepolsterte Torwarthose brauchte, weil die alte von Steinen, Splittern oder Kanten zerrissen war. Enge, zwischen Häuser oder Felsen gezwängte Kampfbahnen, in bestimmten Gegenden Hessens zum Teil sogar nicht angelegt mit der klassischen roten Hartplatzerde, sondern mit hellem, grobkörnigerem Kies, auf dem die Linien nicht mit weißer Kreide, sondern mit schwarzer Asche abgestreut werden mussten. Sportplätze, in denen statt Tornetzen Maschendrahtzäune gespannt waren.

Mein Verständnis von Fußball wurzelt auf solchen Plätzen, weswegen ich acht, neun oder zehn Jahre später, als ich an genau diese Orte zurückkehre, dieses Mal nicht mehr als Spieler, sondern als Schiedsrichter, volles Verständnis hatte für die – gelinde gesagt – engagierte Spielweise, die aus einem solchen Untergrund resultiert. Mir ist ein rustikaler Tritt allemal lieber als ein hinterhältiger Schlag oder eine abgefeimte Schwalbe im Strafraum. Als im Jahr 1863 in England zum ersten Mal Regeln für ein Fußballspiel formuliert wurden, stritt man sich immerhin über die Frage, ob ein gezielter Tritt in die Beine des Gegners, analog zum Rugby, nicht doch vielleicht erlaubt sein sollte.

Es mag ein nostalgisches, sentimentales Bild sein, aber noch aus meinen Anfangszeiten als Schiedsrichter kenne ich es so: Man bekämpft sich auf dem Platz, man kämpft sich nieder, man grätscht und grätscht und steht wieder auf und macht weiter. Man grätscht in Pfützen, man grätscht in Schlamm. Man trägt auf dem Platz seine Scharmützel aus und vergreift sich auch mal im Ton. Und hinterher trifft man sich im Vereinsheim und isst ein Schnitzel und trinkt ein Bier, wie eben seinerzeit in Bullau. Auf dem Wappen des Landes, das meine Heimat wäre, dürfte ich sie mir aussuchen, prangte eine Flasche Schmucker Bier aus dem Odenwald. Noch in den 70er-Jahren trat die deutsche Nationalmannschaft bei einem offiziellen Qualifikationsspiel auf Malta auf einem Hartplatz an. Mittlerweile darf selbst ein Spiel in der vierten Liga nicht mehr auf einem Hartplatz absolviert werden, wohingegen bereits Versuche mit Kunstrasenplätzen bei internationalen Spielen laufen. Ich prognostiziere, dass spätestens bei der übernächsten Weltmeisterschaft in Katar auf Kunstrasenplätzen gespielt wird (der Rasen braucht ja auch viel Wasser bei dieser Hitze): Bloß nicht die äußeren Bedingungen Einfluss nehmen lassen auf das Spiel! Bloß nicht die hochbegabten jungen Kicker, die in ihrem Bewegungsablauf verblüffend jenen Figuren der Computerspiele ähneln, durch die sie zum ersten Mal mit dem Fußball in Kontakt gekommen sind, in ihren technischen Fähigkeiten einschränken! Bloß keinen aufgeweichten Rasenplatz, bloß nicht noch einmal so etwas wie Deutschland gegen Polen im Frankfurter Waldstadion während der WM 1974, als nach stundenlangen Regenfällen der Platz knöcheltief unter Wasser stand. Zwar bemühten sich Helfer mittels Walzen, das Wasser wegzuschaffen, aber vergeblich: Das Spiel, das dort stattfand (und das mit 1:0 für Deutschland endete), war dem bloßen Zufall ausgeliefert. Mal rollte der Ball, mal blieb er liegen. Noch dazu saugte sich das Spielgerät, das seinerzeit noch aus Leder war, mit Wasser voll und ähnelte so eher einem Stein.

Der Philosoph Wolfram Eilenberger, selbst ein begeisterter Fußballanhänger, hat in einem Interview von der »Dekontingenzierung des Fußballs« gesprochen. Alles, was unklar, nicht kontrollierbar, zufällig sei, solle nach und nach ausgeschlossen werden, so Eilenberger, zumeist unter dem Deckmantel von Fairness und Chancengleichheit. Irgendwann, prognostiziert er, werde auch das Unentschieden abgeschafft. Man kann das in großen Zusammenhängen sehen: der Systemfußball der neuen großen Trainerstrategen, die versuchen, drei, vier, fünf Spielzüge im Voraus zu berechnen. Die Mannschaften, die weit weniger von anarchischen Einzelkönnern als von ihrer konditionellen Geschlossenheit leben. Spieler, die im Interview nach dem Spiel ins Mikrofon sagen, man müsse härter und besser an sich arbeiten. Selbstoptimierung, Kantenschliff. »Der Fußballgott ist ein Zufallsgott«, sagt Eilenberger. Wenn das stimmt, dann wäre jeder neu gebaute Kunstrasenplatz ein Werk des Teufels.

Wenn die Spielfläche selbst einen Paradigmenwechsel erfahren haben mag, so trifft das garantiert nicht auf jene Räume zu, die den Schiedsrichtern im Amateurbereich zugewiesen werden, um sich umzuziehen. Ein Sonntagnachmittag, kurz nach 15 Uhr. Das Mobiltelefon des Schiedsrichtereinteilers für die B-Klasse klingelt. Das Display zeigt einen Namen, der den Schiedsrichter ein wenig beunruhigt – eigentlich sollte der Kollege, der anruft, vor zehn Minuten sein Spiel angepfiffen haben. Es entspinnt sich folgender Dialog: »Grüß dich, ist was passiert, hast du dich verletzt?« – »Nein, warum?« – »Weil dein Spiel noch nicht läuft.« – »Das geht noch nicht. Die putzen noch.« – »Waas?« – »Was sie putzen? Na, meine Kabine.«

Das Loch, in das man den Kollegen stecken wollte, starrte vor Dreck, in der Dusche hatte jemand offenbar vor längerer Zeit seine Schuhe saubergemacht; der Duschvorhang glänzte in einem grün-bläulichen Schimmelgewand; in den Ecken hatten Generationen von Spinnen ihre Nester gebaut. Der Kollege weigerte sich, den Raum zu betreten. Man bot ihm an, sich in der Kabine der Heimmannschaft umzuziehen, er lehnte ab. Er forderte den Heimverein auf, binnen einer Stunde die Kabine in einen, wie er es nannte, menschenwürdigen Zustand zu versetzen, sonst würde er umgehend wieder abreisen. Und so geschah es. Drei Frauen (Männer, die dazu bereit waren, fanden sich nicht) wurden von der Kuchen- und Getränkeverkaufstheke abgezogen, bekamen Lappen und Schrubber in die Hand gedrückt und legten los, fegten und wienerten, kratzten den Boden der Dusche sauber und trieben die Haustiere hinaus. Mit 30 Minuten Verspätung pfiff der Kollege das Spiel an. Die Kollegen in den Wochen darauf dürften ihm dankbar gewesen sein.

Die Schiedsrichterkabine ist bei vielen Vereinen, gerade bei solchen mit begrenztem Kabinenangebot, ein multifunktionaler Raum. In der Schiedsrichterkabine in der Fußballbundesliga stehen ein Flachbildfernseher mit DVD-Player, ein Kühlschrank mit Getränken aller Art, alkoholfrei, versteht sich; es gibt eine eigene Toilette und einen großzügigen Duschraum, und unmittelbar nach dem Spiel wird ein kleines Buffet mit kalten und warmen Speisen aufgebaut. Im Ernst.

In der Kreisliga dagegen steht in einer Schiedsrichterkabine gerne einmal die Waschmaschine. Irgendwo muss sie ja hin. Man sitzt also nach dem Spiel in der Kabine oder steht vielleicht gerade unter der Dusche, und es öffnet sich die Tür und ein Mann mit einem großen Wäschekorb kommt herein, die verschwitzten Trikots und Hosen und Stutzen vom soeben beendeten Spiel; der Geruch verbreitet sich im Raum; wortlos stopft der Mann den Kram in die Maschine, stellt sie an und verschwindet wieder. Auch die Trikot- und Ballaufbewahrungsschränke finden sich nicht selten in der Schirikabine.

In der Leipziger Ausstellung »Der Herr der Regeln«, die anlässlich der Weltmeisterschaft in Deutschland 2006 gezeigt wurde, fand sich ein bemerkenswerter Schnappschuss: Da sitzt der deutsche FIFA-Schiedsrichter Michael

Weiner vollständig umgezogen mit seinen beiden Assistenten in seinem Wohnzimmer. Gelsenkirchener Barock, könnte man vermuten, und man fragt sich natürlich, warum er dort herumsitzt. Erst in der Bildunterschrift fand sich die Auflösung: Das Bild war wenige Minuten vor dem Anpfiff eines Länderspiels in Libyen entstanden, und ganz offensichtlich hatte sich für die Kabine der Schiedsrichter lediglich das Mobiliar eines deutschen Wohnzimmers der 60er-Jahre gefunden.

Bei einem Verein in Südhessen wiederum stand in der Schirikabine bis vor kurzer Zeit das einzige Festnetztelefon, über das der Verein verfügte. Ständig klingelte es, weil unmittelbar nach einem Spiel die regionalen Zeitungen anrufen, um die Torschützen und einen Spielbericht abzufragen. Irgendwann wurden mir das Dauergeklingel und das permanente Rein und Raus der Vereinsvertreter zu dumm; ich hob den Hörer ab, gab dem Redakteur die Namen der Torschützen durch und lobte explizit die an diesem Tag ganz besonders gute Leistung des Schiedsrichters. »Das kann man ja auch mal schreiben«, sagte der Redakteur. Am nächsten Tag las ich in der Zeitung von meiner sehr starken Spielleitung.

Noch einmal zurück nach Bullau, auf das Hochplateau im Odenwald, wo die Straße hinter dem Sportplatz geradezu folgerichtig noch ein Stück weiterführt in den sogenannten Eutergrund, dort endet sie. Auf dem Rückweg vom Sportplatz sah ich ein Schild, das den Weg zu einer Gastwirtschaft ein wenig außerhalb des Ortes wies. Einem Impuls folgend, bog ich ab, fuhr durch den Wald und stieß auf ein Wirtshaus mit kleiner Pension, das von einem Ehepaar betrieben wurde. Ich trank ein Bier und unterhielt mich mit dem Wirt. Später erzählte ich meinen Eltern davon. Sie lachten. Dort, in jener Wirtschaft, sei ich früher häufiger mit ihnen gewesen, nach Ausflügen und Wanderungen, ob ich das nicht mehr wisse. Fast auf den Tag exakt 15 Jahre, nachdem ich zum ersten Mal in Bullau gepfiffen hatte, habe ich in ebendiesem Wirtshaus meine Hochzeit gefeiert.

WARMLAUFEN
Kondition. Über den Körper

Ein Spiel nicht ganz ohne Anspruch: Hessenligaspiel im September 2012. Die Nachwuchsmannschaften zweier in Hessen prominenter und leistungsstarker Vereine, SV Wehen-Wiesbaden und Kickers Offenbach, spielen gegeneinander. Es handelt sich um zwei sogenannte U23-Mannschaften, also um Teams, in denen talentierte Spieler aus den Nachwuchsschulen der Vereine an den Profifußball herangeführt werden sollen. 22 junge Männer, allesamt körperlich und technisch bestens ausgebildet, nicht auf Kampf bedacht, sondern auf technisches Spiel. Es gibt wenige Fouls und kaum Unterbrechungen. Kommt mal einer ins Straucheln, so ist er zumeist noch in der Lage, den Ball im Fallen halbwegs kontrolliert zu seinem Mitspieler zu passen (ich habe einmal ein Freundschaftsspiel zwischen Nachwuchsmannschaften der TSG Hoffenheim und Bayer Leverkusen geleitet; wenn ich mich richtig erinnere, habe ich im gesamten Spiel kein einziges Foul pfeifen müssen).

Für den Schiedsrichter ist ein derartiges Spiel eine ambivalente Angelegenheit: Zum einen ist man durchaus in der

Lage, das technisch versierte Spiel einer Mannschaft zu genießen, und freut sich, wenn man es einmal nicht mit einer Truppe rabiater Abräumer zu tun hat, denen der Trainer vor dem Spiel die Devise eingebleut hat: »Wenn wir schon keine Chance haben, dann treten wir denen wenigstens ihren schönen Rasen kaputt« (ein Satz, den ich tatsächlich einmal so durch eine dünne Kabinenwand in der Ansprache vor dem Spiel gehört habe; das Verhalten der Mannschaft war entsprechend, mein eigenes auch).

In den 90er-Jahren, als ich begann, Spiele der Erwachsenenmannschaften zu leiten, konnte man die Spielertypen schon anhand ihres Äußeren identifizieren, gerade in den ländlichen Gebieten. Man gucke sich nur mal die Fußballerfotos aus den Bundesligen aus der unmittelbaren Zeit nach der Wiedervereinigung an und übertrage diese Optik auf die Dörfer in deutschen Mittelgebirgen: Der mit dem Schnurrbart und dem fiesen Mittelscheitel – das war, man konnte sich sicher sein, stets derjenige, der auserkoren war, den Toptorschützen der gegnerischen Mannschaft möglichst früh im Spiel möglichst oft umzutreten und ihn dabei noch aufzufordern, er solle sich jetzt mal nicht so anstellen, das sei schließlich ein Männersport.

Gegenüber Spielern mit Migrationshintergrund (die damals noch ganz einfach Ausländer hießen) äußerte der Schnurrbartabräumer sich in einem gerade noch nicht strafbaren Maße rassistisch; kamen er und seine Truppe dagegen einmal in die Stadt und wurden ob ihrer rustikalen Spielweise als »Bauerntruppe« bezeichnet, war die Empfindlichkeit groß. Der Schnurrbarttreter stand nach dem Spiel noch in Trikot und den obligatorischen Adiletten vor der Kabine, in der einen Hand die Kippe, in der anderen das Bier, das er noch auf dem Platz in die Hand gedrückt bekommen hatte.

Ich mochte Spiele rustikaler Mannschaften immer gerne, zum einen, weil ich tatsächlich ein Freund des körperbetonten Spiels bin, zum anderen, weil alles immer so klar und eindeutig ist: keine fiesen Schläge in den Unterleib, keine verdeckten Tritte auf die Zehenspitzen vor einem Eckstoß, nein, eine kunstvolle, humorlose, gegrätschte Sense. Da weiß dann jeder, woran er ist.

Das technisch anspruchsvolle Spiel andererseits ist immer schön anzuschauen, für einen Schiedsrichter hat es aber einen großen Nachteil: Es fehlen die üblichen Ruhepausen; man hat keine Zeit zum Durchschnaufen oder um Schweiß aus den Augen zu wischen. Im Regelfall ist jeder Einwurf, jeder Torabstoß, jedes kleine Foulspiel eine dankbare Gelegenheit, um Atem zu holen. Man kann sogar versuchen, die Zeit zu dehnen. Da hat dann der Ball nicht ganz korrekt geruht. Oder der Gegenspieler war zu nah am Ausführungsort. Oder der Einwurf muss noch einmal fünf Meter nach hinten verlegt werden. Das geht ab und zu, und es bringt zwei, drei Sekunden. Aber andererseits ist es selbstverständlich nicht an uns Schiedsrichtern, ein schnelles Spiel kalkuliert langsam zu machen.

Zurück zum SV Wehen-Wiesbaden, Mitte September, um die 20 Grad, Sonnenschein, 44. Spielminute, Zeit für die Halbzeit, denke ich und atme tief durch, weil es einen Eckstoß gibt, der letzte Durchschnaufer vor der Pause. Der Torhüter der Heimmannschaft fängt den Eckstoß ab und wirft den Ball weit (und ungemein präzise) zu einem Mitspieler ab, der bereits losgesprintet ist. Ich stehe dort, wo ein Schiedsrichter beim Eckstoß zu stehen hat, am Strafraumeck, auf der gegenüberliegenden Seite meines Assistenten, mit Blick auf ihn und auf die Zweikämpfe im Strafraum. Und nun laufe ich dem Konter hinterher. Ich bin gerade einmal kurz hinter der Mittellinie angekommen, als der Spieler, der den Ball aufgenommen hat, den Torwart umspielt und den Ball ins Tor schießt.

Wenn wir von einer Platzlänge von gut 100 Metern ausgehen, hat der junge Mann mir mit dem Ball am Fuß innerhalb von fünf oder sechs Sekunden geschätzte 30 Meter abgenommen. Vorsichtshalber setze ich meinen sogenannten Sprint noch fort, um nicht völlig bescheuert dazustehen. Schließlich sitzt auf der Tribüne ein Schiedsrichterbeobachter, der auch über mein Lauf- und Sprintvermögen zu urteilen hat (und der an diesem Tag nichts an mir auszusetzen hat). Trotzdem war das der Moment, in dem ich begann, mir ernsthafte Gedanken zu machen: Du bist demnächst 39 Jahre alt. Du leitest Spiele in einer Klasse, in der Spieler entweder zu Profis ausgebildet werden oder gar schon ihren Lebensunterhalt mit dem Fußballspielen verdienen. Und: Du bist 1,90 Meter groß und 96 Kilogramm schwer. Du musst etwas unternehmen.

Ein Bundesligaschiedsrichter, so haben es Messungen in jüngster Zeit ergeben, läuft pro Spiel in etwa genauso viel wie ein durchschnittlicher Bundesligaspieler, nämlich zehn Kilometer in 90 Minuten, mal ein paar Meter mehr, mal ein paar Meter weniger. Die Laufleistung des deutschen Schiedsrichters Felix Brych im Endspiel der Europa League 2014 lag nach 120 Minuten bei mehr als zwölf Kilometern. Ich selbst habe meine Laufleistung in einem Spiel meiner höchsten Leistungsklasse einmal gemessen; ich kam auf neun Kilometer, das ist für einen reinen Amateur durchaus anspruchsvoll.

Und obwohl die körperlichen Anforderungen an einen Schiedsrichter bei weitem nicht so breit gefächert sind wie die an einen Spieler (schließlich müssen wir nicht grätschen, köpfen, schießen und werden auch nicht gefoult), ist der konditionelle Anspruch an einen Schiedsrichter enorm. Vergessen wir einmal die oft von Sportreportern verwendete Formulierung, dass der Schiedsrichter sich auf Ballhöhe zu befinden hat (man muss sich nur einmal vor Augen halten, wie viele lange und hohe Bälle im Verlauf eines Spiels geschlagen werden, um die Widersinnigkeit des Ballhöhen-Anspruchs zu verdeutlichen) – es bleibt trotzdem die berechtigte Forderung nach einer dem Geschehen angemessenen Position. Und die lässt sich nur einnehmen, wenn man fit ist.

Die Laufvorgabe für einen Schiedsrichter ist das sogenannte flexible Diagonalband. Es kennzeichnet die imaginäre Linie zwischen dem rechten Strafraumeck auf der einen und dem linken Strafraumeck auf der anderen Spielfeldseite, wobei man erstens das Spielgeschehen im Idealfall stets zwischen sich und seinen jeweiligen Assistenten an der Seitenlinie bringen und zweitens nie mehr als 15 Meter vom Spielgeschehen entfernt sein sollte. Das klingt relativ abstrakt, ist aber, wie alles auf dem Platz, auch eine Frage von Erfahrung und Praxis. Denn das Wichtigste ist selbstverständlich, sich immer so zum Spiel zu stellen, dass man Seiteneinsicht in die Zweikämpfe hat, dabei aber das Spiel nicht stört. Der Weg durch die Mitte dagegen ist der kürzeste und bequemste. Und irgendwann vielleicht auch der einzig noch machbare: Für die unteren Amateurspielklassen gibt es weder eine Altersbeschränkung noch eine Laufprüfung. Der Begriff des Kreisschiedsrichters bekommt da eine ganz neue Bedeutung: Es kursiert der gängige Witz vom übergewichtigen Kollegen, bei dem die Zuschauer am Spielfeldrand jedes

Mal »übergetreten« schreien, sobald der Schiedsrichter den Anstoßkreis verlässt.

Flexibel sein, dem Spiel ausweichen, dem Spiel folgen, versuchen, Pass- und Laufwege der Spieler zu antizipieren, um möglichst schnell da zu sein, wo man gebraucht wird, wo es im nächsten Augenblick brennen könnte. Also: nah dran sein, aber auch nicht zu nah. Denn erstens sind komplexe Zweikämpfe aus einer Entfernung von ein oder zwei Metern schwieriger zu beurteilen als aus zehn Metern, weil man den Bewegungsablauf nicht in seiner Gesamtheit wahrnehmen kann. Das ist, als würde man ein impressionistisches Gemälde mit der Lupe betrachten und sähe nichts als eine Vielzahl von Farbtupfern. Erst wenn man einige Schritte zurücktritt, erkennt man, dass die vielen Punkte sich zu einem Ganzen verbinden. Es ist tatsächlich möglich, und das, obwohl man sich in unmittelbarer Nähe aufhält, nicht zu bemerken, dass ein Spieler seinem Gegenspieler oben den Ellenbogen ins Gesicht schlägt, weil man sich in diesem Augenblick ausschließlich nach unten orientiert, sich auf die Beine der beiden Spieler konzentriert, auf den Ball. Von draußen kommen dann die Schreie: »Das muss der doch sehen, der steht doch direkt daneben.« Hin und wieder steht man vielleicht aber auch ein wenig zu direkt daneben, was dann zweitens auch nicht ganz ungefährlich ist.

Das bekam einmal während der Fußballweltmeisterschaft 1982 der deutsche Schiedsrichter Walter Eschweiler im Spiel zwischen Italien und Peru zu spüren. Er suchte die Spielnähe; das Spiel lief auf ihn zu; Eschweiler wusste nicht mehr, wohin er ausweichen sollte, und blieb, möglicherweise in einem Gefühl der Fügung in das Unvermeidliche, einfach stehen. Kurz darauf wurde er von einem bulligen peruanischen Spieler schlicht und einfach über den Haufen gerannt. Man kann sich die Szene noch heute im Internet anschauen: Eschweiler kippt nach hinten weg und bleibt regungslos auf dem Rasen liegen, seine Pfeife ist zuvor durch die Luft geflogen, seine gelbe und rote Karte liegen neben ihm. Es ist beinahe ein ikonographisches Bild, ein kurzer Augenblick der Machtlosigkeit, in dem sich der vermeintlich Allmächtige befindet.

Dem Publikum gefällt ein solches Bild. Wann immer ein Schiedsrichter umgerannt oder ein Schiedsrichterassistent abgegrätscht wird, erhebt sich höhnisches Gelächter. Es ist die Schadenfreude über den Wichtigtuer, der über die Regeln entscheidet, aber selbst keine Ahnung vom Kicken hat. Einen Zahn hat Eschweiler bei dieser Gelegenheit eingebüßt; das Spiel hat er trotzdem zu Ende gepfiffen, soweit ich weiß, ohne größere Schwierigkeiten.

Manchmal nutzt aber auch kein Augenmaß, keine Erfahrung, kein Mitdenken, kein Vorausdenken. Manchmal hat man einfach Pech. Ich stand einmal bei einem Spiel auf einem holprigen Rasenplatz in sicherer Entfernung zum Geschehen. Der Ball wurde in den Strafraum gespielt; ein Verteidiger holte aus, um ihn möglichst weit aus der Gefahrenzone zu schlagen. In diesem Augenblick, ich sehe es noch heute vor mir, hoppelt der Ball über eine Unebenheit; er rutscht dem Abwehrspieler über den Spann und der gewaltige Befreiungsschlag landet aus kurzer Entfernung auf meinem rechten Auge. Keine Chance zum Ausweichen, ein klassischer Knockout. Wahrscheinlich habe ich das gleiche Bild abgegeben wie seinerzeit Walter Eschweiler; ich lag mit ausgestreckten Armen auf dem Rasen, nur hatte ich noch alle meine Zähne, dafür aber eine andere Malaise: Als ich wieder halbwegs bei mir war, war mein Auge bereits im Begriff anzuschwellen. Ein Betreuer drückte mir ein paar Eiswürfel in die Hand.

Nach ein paar Minuten setzte ich das Spiel fort, mit Schiedsrichterball selbstverständlich (das wäre eine dankbare Regelfrage gewesen!) und mit deutlich eingeschränktem Sehvermögen. Es war und blieb ein harmloses Spiel, das war mein Glück. Als ich vom Platz ging, klopften mir einige Spieler grinsend auf die Schulter, es fielen Sätze wie: »Na, da musst du dir zu Hause aber eine gute Ausrede einfallen lassen.« Als ich in der Kabine in den Spiegel guckte, wurde mir klar, was sie damit gemeint hatten: Noch nie hatte ich mich in meinem Leben geprügelt, nie war mir Gewalt angetan worden – und doch schmückte mich jetzt ein prächtiges, gewaltiges, lilablaues Veilchen, für das man sonst mindestens eine wüste Kneipenschlägerei anzetteln muss.

Ich war nie ein sonderlich leichtfüßiger, eleganter Läufer. Gelenkig bin ich auch nicht. Der größte Alptraum meiner Schulzeit bis zur zehnten Klasse war die so obligatorische wie quälende Disziplin des Turnens. Bis heute habe ich nicht verstanden, warum es Heranwachsenden mit einer ohnehin fragilen Psyche und kleinem, sich gerade erst in der Ausbildung befindlichem Selbstbewusstsein und Körpergefühl zugemutet wird, sich öffentlich den Demütigungen des Turnunterrichts aussetzen zu müssen. Man erinnert sich noch an diese bedauernswerten Geschöpfe, denen der, wie Thomas Bernhard sagen würde, naturgemäß stumpfsinnige und sadistische Sportlehrer beim jämmerlichen Schwungversuch über den Kasten noch genussvoll einen Tritt in den Hintern versetzte, damit sie auch wirklich hinüberkamen. Eines dieser Geschöpfe war ich. Den Namen des Sportlehrers habe ich mir gemerkt. Mir wurde berichtet, Gott habe ihn später mit Bandscheibenvorfällen und Berufsunfähigkeit bestraft. Ich finde, das war das Beste, was seinen Schülern passieren konnte, aber das nur nebenbei.

Explosive Sprints gehörten also noch nie zu meinen herausragenden Talenten, aber auch was mein Laufvermögen betrifft, bin ich ein Spätzünder. Erst jetzt, da meine aktive Schiedsrichterlaufbahn sich ihrem Ende zuneigt, habe ich begriffen und erfahren, was es bedeutet, was es für mich persönlich und für meinen Sport und für mein Amt bedeutet, körperlich topfit zu sein. Es verändert alles, die Einstellung zum Spiel, die Wahrnehmung der eigenen Leistung. Alles, was ich über Jahre und Jahrzehnte hinweg wahlweise als Motivationsfloskeln dickbäuchiger Funktionäre oder als überzogenen Drill von Leistungsfanatikern abgetan habe, hat sich mir retrospektiv als vollkommen vernünftig dargestellt. Dafür muss ich Abbitte leisten. Und könnte mir noch dazu für meine Ignoranz selbst einen Tritt versetzen, wohin auch immer.

Es gibt einen Sketch des hessischen Komikerduos Badesalz, an den ich Jahr für Jahr erinnert werde. In diesem Sketch treffen sich zwei Bekannte im Fitness-Studio und ereifern sich über die Orangen- beziehungsweise Ananashaut der um sie herum trainierenden Damen. Der ständig wiederkehrende Leitsatz der beiden lautet, mit Verweis auf ihren Bizeps: »Hier, im Mai, wenn die Schwimmbäder wieder uffmache, dann muss des hier alles stehe wie ne Eins.«

Genau so ist das bei uns Schiedsrichtern auch. So war es seit Jahrzehnten, so wird es wahrscheinlich auch immer bleiben: Am zweiten Freitag im Mai kommt's drauf an. Dann steht die Leistungsprüfung auf dem Plan, in meiner Klasse die erste von mindestens zweien, aber wer bei der ersten, hier im Mai, noch nicht fit ist, wird es auch kaum schaffen, sich bis zum nächsten Termin noch auf den nötigen Stand zu bringen.

Über die Leistungsprüfungen in früheren Jahrzehnten kann man sich von älteren Kollegen eine ganze Menge erzählen lassen, wie man sich ja überhaupt von älteren Kollegen, zu denen ich demnächst auch gehören werde (oder, schrecklicher Gedanke, bereits gehöre), über alles Mögliche eine Menge erzählen lassen kann und oft sogar auch muss, ohne es zu wollen. Schon ich ertappe mich heute, wenn ich mit Assistenten unterwegs bin, die etwa halb so alt sind wie ich, dass ich mich in Anekdoten hineinrede, die sich unter Umständen, wie Kriegserlebnisse, vor allem dadurch auszeichnen, dass sie nur dann lustig oder interessant sind, wenn man selbst dabei war. Noch versuche ich mich zu mäßigen. Noch bitte ich die jungen Leute, mich darauf aufmerksam zu machen, wenn ich zum dritten Mal dieselbe Veteranenstory zum Besten gebe.

Früher also, in einer Zeit, die nie genau eingegrenzt wird, habe man zur Leistungsprüfung, so erzählt man sich, in 90 Minuten 15 Kilometer durch den Wald laufen müssen. An der Strecke im Wald hätten sich an verschiedenen Wegkreuzungen Funktionäre postiert, die scharf aufgepasst hätten, dass niemand eine Abkürzung nimmt. Diese Art der Konditionsüberprüfung, wenn es sie denn jemals gegeben haben sollte, erscheint mir übrigens aus heutiger Sicht absolut sinnvoll. Auch soll es in grauer Vorzeit, also in den 60er- und 70er-Jahren, einmal üblich gewesen sein, auf einem Sportplatz an jeder Eckfahne einen Tisch zu plazieren. Die Schiedsrichter mussten dann, jeweils einmal quer, dann wieder längs die Linie entlang, in einer bestimmten Zeit von Tisch zu Tisch laufen. An den Tischen saßen dann Verbandsmitarbeiter und haben Regelfragen gestellt. Wer eine bestimmte Anzahl von Regelfragen richtig beantwortet hatte, hatte bestanden; die anderen mussten so lange weiterrennen, bis auch sie auf ihre Punktzahl gekommen waren. Auch das eine höchst kuriose, aber nicht vollkommen sinnlose Verquickung von Theorie und Praxis.

Als ich anfing, an jenen berüchtigten zweiten Freitagen im Mai zu Leistungsprüfungen zu fahren, musste der sogenannte Cooper-Test absolviert werden, benannt nach dem amerikanischen Sportmediziner Kenneth H. Cooper. Dieser Cooper-Test ist aus heutiger Sicht, um es verkürzt zu sagen, vollkommen sinnlos, so jedenfalls argumentieren Fachleute und Sportmediziner, aber das muss man ja auch erst einmal herausfinden. Ich gehöre einer Generation an, in der die (durch nichts als ihre Freiwilligkeit und ihren guten Willen qualifizierten) Trainer uns noch in den frühen 80er-Jahren bei glühender Nachmittagshitze auf staubigen Hartplätzen die Zufuhr von Wasser verwehrt haben mit der Begründung, das mindere den Trainingseffekt. Wahrscheinlich hatte man das ihnen selbst 20 Jahre zuvor eingebleut und sie hatten seitdem auch keine anderen Informationen mehr erhalten.
Der Cooper-Test jedenfalls, der noch heute in manchen Bundesländern als Leistungstest in Schulen zur Notengebung herangezogen wird und auch nach wie vor Bestandteil der Aufnahmeprüfung zur Fremdenlegion ist, war so konzipiert, dass er dem Körper innerhalb einer relativ kurzen Zeit exakt ein wenig mehr zumutete, als es gut für ihn gewesen wäre. Man lief zwölf Minuten auf einer Laufbahn. Nach zwölf Minuten wurde abgepfiffen und notiert, wer wie viele Meter gelaufen war. Die Mindestanforderung betrug 2600 Meter,

also sechseinhalb Runden. Wer als junger Schiedsrichter nach zwölf Minuten keuchend bei 2600 Metern ins Ziel lief, wurde schief angeguckt. Man erwartete mehr als die Erfüllung der Mindestvorgabe. Mehr als 2800 habe ich nie geschafft. Es heißt, der damalige Spitzenschiedsrichter Markus Merk sei im Schnitt auf 3400 Meter gekommen. Aber Markus Merk durchquert auch zu Fuß die Antarktis und zieht dabei einen Schlitten hinter sich her.

Das Problem an den berüchtigten zweiten Freitagen im Mai waren in unserem Fall aber auch die Umstände. Denn unser damaliger Chef und Obmann war ein Mann mit großem Gerechtigkeitssinn. Da zu dieser Prüfung immer Schiedsrichter aus fünf südhessischen Landkreisen anreisen mussten, wählte er stets den gleichen, zentral gelegenen Ort, um die Prüfung durchzuführen (ganz davon abgesehen, dass der betroffene Verein uns im Anschluss auch noch kostenlos seine Grillhütte zur Verfügung und in diese Grillhütte einen Kasten Bier stellte, was auch nicht vollkommen unwichtig war).

Das Geläuf im vorderen Odenwald war eine holprige Aschenbahn. Auf dem Platz in der Mitte trainierte stets irgendeine Mannschaft des heimischen Vereins; beim Laufen flogen einem also die Querschläger um die Ohren, vor allem aber lag der Platz unmittelbar neben einer Kuhweide. Diese ungute Mischung aus Cooper-Test und dampfender Kuhscheiße hat Jahr für Jahr dazu geführt, dass nach dem Zwölf-Minuten-Abpfiff nicht selten gleich mehrere gestandene Männer und Nachwuchsschiedsrichter einträchtig kotzend am Rand der Laufbahn standen. Allerdings muss ich zugeben, dass nach dem Duschen das Frischgezapfte (der Kasten war schnell leer, dann ging es in der Gaststätte weiter) und die Zigarette dann auch besonders herrlich schmeckten.

Ich habe mit dem Rauchen angefangen, als ich zwölf Jahre alt war. Das war seinerzeit, jedenfalls glaubten wir das alle, wahnsinnig cool. Und es stiftete auch eine Art von Gemeinschaftsgefühl. Gegenüber dem Sportplatz, auf der anderen Straßenseite, lag ein kleiner, relativ schwer einsehbarer Kinderspielplatz. Dort, in Baumhöhlungen, eingepackt in Plastiktüten, versteckten wir unsere Zigarettenpäckchen. Dreimal in der Woche, nach dem Training und nach dem Punktspiel, zerstoben wir, drei Mannschaftskameraden und ich, uns demonstrativ auf unseren Fahrrädern vor den Umkleidekabinen in unterschiedliche Richtungen, um dann in einem kleinen Bogen den Spielplatz anzusteuern und zu rauchen.

Das Perfide ist: Wenn man noch jung ist, macht einem das Rauchen relativ lange Zeit nichts aus. Es beeinträchtigt nicht die Leistungsfähigkeit. Man redet sich das jedenfalls ein und glaubt es, weil man es nicht anders kennt. Ich pfiff also meine Spiele körperlich absolut problemlos. Zu Beginn sagt einem auch niemand, ob man zu viel läuft oder zu wenig, man richtet sich in seinem Tempo ein, und solange zumeist alles ordentlich über die Bühne geht, Spiele, Leistungstests, Arztbesuche, gibt es auch keinen Grund, darüber nachzudenken. Und ich gehörte zu denen, die immer überzeugt verkündeten, sie rauchten unglaublich gerne. Und ich gebe es offen zu: Die einzige Zigarette, nach der ich mich nach wie vor sehne, noch heute, die beste Zigarette der Woche – das ist die unmittelbar nach dem Spiel. Abpfiff, Händeschütteln auf dem Platz oder nicht, je nach Spielverlauf, den Ball nehmen, an den Zuschauern vorbei, die schimpfen oder auch nicht, in den Kabinengang, durch die Kabinentür, Tür hinter mir zu, Schlüssel umdrehen, hinsetzen, Zigarette anzünden. Sofort. Und danach noch eine. Klopfen an der Tür ignorieren.

Suchtforscher hätten über diese Belohnungs- und vermeintliche Entspannungszigarette wahrscheinlich eine Menge zu sagen.

Lange Zeit gingen Rauchen und Schiedsrichterei problemlos nebeneinander einher. Ich rauchte und pfiff trotzdem gut und stieg aufgrund guter Bewertungen in die nächsthöhere Spielklasse auf und kurz darauf noch einmal. Ganz selten, wenn es jemand gut mit mir meinte, stand in einem Beobachtungsbogen sogar einmal eine lobende Erwähnung meiner Laufleistung; negativ fiel ich nie auf. Als ich merkte, dass das Rauchen etwas mit meinem Körper anstellte, das klassische Husten am Morgen, die Taubheit in den Füßen, hörte ich auf. Zu diesem Zeitpunkt wog ich 80 Kilo. Es dauerte nicht lange, bis nicht nur meine Alltagskleidung, meine Hosen und Hemden, sondern auch meine Schiedsrichtertrikots in Größe L nicht mehr passten. Auf dem Platz keuchte ich nicht mehr ganz so pfeifend, wie ich es bis dahin gewohnt war, dafür aber kam ich mir vor wie ein tapsiger Bär.

Während das Erscheinungsbild der Fußballer sich in den Nullerjahren radikal wandelte, vom schnauzbärtigen Langhaarträger hin zum metrosexuellen, körpergestählten und gutfrisierten Jüngling à la David Beckham und später Cristiano Ronaldo, wuchs ich mich aus zu einem nicht mehr ganz jungen, aber für sein Alter dennoch weitaus zu unförmigen Wesen mit dünnen Armen und dickem Bauch. Ich war nach wie vor ein guter Amateur-Schiedsrichter; ich hatte die Erfahrung, die Menschenkenntnis, die Spielintelligenz. Aber ich war kein fitter Schiedsrichter.

Aus der Binnenperspektive ist Fußball ein weitaus dynamischeres und rasanteres Spiel, als es von außen den Anschein hat. Wenn ich mir auf YouTube Videos anschaue (immer mit einem wohlig-nostalgischen Gefühl des Aufgehobenseins in einer Kindheitserinnerung) von der ersten Fußballweltmeisterschaft, die mir noch bewusst präsent ist, meiner Ur-Weltmeisterschaft sozusagen, Spanien 1982, die Schande von Gijón, Toni Schumacher, das Monster von Sevilla, Klaus Fischers Fallrückzieher, dann kann ich kaum glauben, wie viel Platz da auf dem Spielfeld für jeden einzelnen Spieler ist, wie wenige Zweikämpfe geführt werden, in welcher Seelenruhe der Ball gestoppt wird (und wie weit er dabei vom Fuß springen darf, ohne dass er dabei verloren geht).

Aber nicht nur linear im Lauf der Zeit hat der Fußball sich elementar verändert, hat sich das taktische, technische und körperliche Vermögen der Spieler rasant entwickelt; auch im Amateurbereich wird das Spiel von Klasse zu Klasse anspruchsvoller. Wenn ich heute ein Spiel in der Kreisoberliga pfeife, in jener Klasse, in die aufgestiegen zu sein mich 1993, im Jahr meines Abiturs, mit unbändigem Stolz erfüllt hatte, mittlerweile ist das die achte Liga, habe ich oft den Eindruck, alles würde in Zeitlupe vor sich gehen, so viel Zeit habe ich für meine Entscheidungen, so offensichtlich erscheinen mir die Vergehen, so deutlich sind die Abseitspositionen, so viel Zeit habe ich, in die richtige Stellung zu laufen, um Zweikämpfe aus dem idealen Blickwinkel betrachten zu können. Ein im Profibereich eingesetzter Kollege wiederum erzählte das Gleiche wiederum über meine höchste Leistungsklasse: die Hessenliga – eine Zeitlupenliga für einen Bundesligaschiedsrichter.

Herbert Fandel, ehemaliger FIFA-Schiedsrichter und heute an der Spitze der deutschen Referees, hat kürzlich darauf hingewiesen, dass ein Spieler wie Günter Netzer, in den 70er-Jahren gefeiert als reiner Ausdruck technischer Brillanz, heute keine Chance mehr hätte, sein Spiel aufzubauen. Die drei Pirouetten, so Fandel sinngemäß, die Netzer jedes Mal gedreht habe, würde ihm kein Gegenspieler der Jetztzeit mehr gestatten; spätestens nach einer halben läge der Spieler am Boden und der Ball wäre weg. Kein Fußballspieler kann es sich heute leisten, Techniker zu sein oder Athlet. Ein Spieler wie Hans-Peter Briegel, der ehemalige Zehnkämpfer, der mit dem Spitznamen »Die Walz aus der Pfalz« in den 80er-Jahren die Außenlinie hoch und runter pflügte, die Stutzen heruntergelassen, wäre als Bundesligaspieler noch ebenso wenig vorstellbar wie der technisch versierte, schmächtige Spielmacher, der die Mitspieler für sich laufen lässt, dafür aber mit wenigen Ballkontakten und Pässen ein Spiel entscheiden kann.

Der Fußballprofi von heute ist ein Kraftpaket, das den Ball beherrscht und den Gegner überläuft. Hin und wieder stehe ich bei einem Spiel von Eintracht Frankfurt im Innenraum hinter einer der beiden Trainerbänke. Selbst in einem Spiel, das einem im Fernsehen oder von der Tribüne aus langweilig und lahm vorkommt, steckt, auf Augenhöhe betrachtet, eine ungeheure Dynamik. Niemand, außer den Torhütern und selbst die nicht mehr, steht auch nur für mehr als zwei Sekunden am selben Platz. Das gilt auch für den Schiedsrichter. Und diese grundsätzliche Veränderung des Sports strahlt auch auf den Amateurfußball aus.

Ein Tag im April, die Saison neigte sich ihrem Ende zu. Ich hatte in den Monaten zuvor zwei wirklich anspruchsvolle Spiele souverän hinbekommen; die Beobachtungsnoten waren entsprechend gut; der erste Aufstieg seit vielen Jahren war durchaus in Reichweite. Ich wurde zu einem Spiel in Mittelhessen eingeteilt, nicht weit entfernt von der Sportschule des Hessischen Fußball-Verbandes. Dort trafen sich an diesem Wochenende sämtliche hessischen Beobachter zu einem Lehrgang. Und zu einem solchen Lehrgang gehören die gemeinsame Betrachtung und Analyse eines Spiels. Meines Spiels. Ich lief also vor etwa 250 Zuschauern ein, von denen rund 60 geschulte Schiedsrichterbeobachter waren.

Das Spiel war anstrengend; ich hatte einiges zu tun. Vor allem aber lief ich mir die Lunge aus dem Hals. Nach dem Abpfiff sagte noch mein Assistent, der seit Jahren bei mir an der Linie stand und meine Bewegungsabläufe genau kannte, heute hätte ich aber mal richtig Vollgas gegeben. Das dachte ich auch. Zehn Minuten später, in der engen Kabine, die Analyse der Verbandsspitze: drei Männer, die etwas betreten schauten. Man zeigte sich enttäuscht von meinem Leistungswillen. Nicht einen einzigen Spurt habe man im ganzen Spiel von mir gesehen. Sicher, das sei alles so in Ordnung gewesen, wie ich es gemacht hätte; das könne man alles so stehenlassen, aber ein wenig mehr Engagement hätte man doch in dieser Situation erwarten dürfen et cetera. Ich war konsterniert und fühlte mich ungerecht behandelt. Heute weiß ich, dass sie alle recht hatten. Ich hatte mich selbst in einen Zustand gebracht, in dem meine volle Kraft nicht mehr ausreichend war, um mithalten zu können.

Ich stieg in diesem Sommer nicht auf. Stattdessen begann eine andere Serie. Auf einem etwas holprigen Waldsportplatz wollte ich dem Spiel folgen, trat in eine kleine Senke und spürte sofort einen zuckenden Schmerz – meine Sprunggelenkskapsel war gerissen. Dann ein Muskelfaserriss, nicht der klassische Fall, nicht unaufgewärmt nach zehn Minuten, sondern mitten im Spiel, nach 65 Minuten, und das noch nicht einmal als Schiedsrichter, sondern als Assistent – ein weiter Schlag nach vorne, ein kurzer Spurt, um dem Spiel zu folgen, ein Schlag in der Wade, als hätte mir jemand ein Messer von hinten hineingerammt. Dann ein Meniskusriss. Beim Aufstehen vom Schreibtisch, einfach so. Ein Freund von mir ist Chirurg, damals Oberarzt in einem Frankfurter Krankenhaus. Was man nicht wegschneiden kann, existiert für einen Chirurgen nicht. Der Freund guckte sich das Knie an und sagte mir, der Riss sei zu klein, um ihn zu operieren. Es gebe jetzt zwei Möglichkeiten: Entweder machte ich genauso weiter wie bisher; wenn ich Glück hätte, würde es dann mal richtig krachen und der Riss dann so groß werden, dass eine Operation sich auch tatsächlich lohnte. Oder, Möglichkeit zwei, ich gönnte mir einige Wochen Ruhe, in der Hoffnung, es wachse von allein alles wieder zusammen. Ich wählte die feige Möglichkeit zwei.

Ich musste mir eingestehen: Mein Körper wurde mürbe. Er trug mein Gewicht nicht mehr. Jedenfalls nicht dann, wenn ich mit dem Sport so weitermachen wollte wie bisher. Und deswegen verzieh er mir auch die Bewegungen nicht mehr, die für einen Schiedsrichter unerlässlich sind und die den Bewegungsapparat belasten: Bei einem schnellen Angriff ist man im Sprint; der Angriff wird abgefangen, also bremst man ruckartig, dreht sich und zieht den Sprint in die entgegengesetzte Richtung an. Sich rückwärtslaufend vom Geschehen zu entfernen, ist für einen Schiedsrichter elementar, um dann umgehend wieder schnell vorwärtszulaufen. Gehen, sprinten, vorwärts, rückwärts, links, rechts – was von einem Schiedsrichter nicht verlangt wird, sind Grätschen, Zweikämpfe oder Sprünge zum Kopfball.

Das intensive Rückwärtslaufen, das ruckartige Wiederanziehen nach vorne, schnelle Drehungen, abruptes Abbremsen. Ansonsten muss sich nur einmal ein Spiel gezielt angucken, um festzustellen, dass die Anforderungen an Schiedsrichter und Spieler sich nicht unähnlich sind.

Ich trainierte mittlerweile regelmäßig, Waldläufe, fünf Kilometer, zehn Kilometer, aber nicht mit Freude, sondern aus Pflichtgefühl. Irgendwann kam zum ersten Mal die Beanstandung im Beobachtungsbogen, dass ich durchaus auch etwas näher am Spielgeschehen hätte sein können. Oder es tauchten Sätze auf wie der, dass der »erfahrene Schiedsrichter ganz genau weiß, wo er hinlaufen muss und wohin auch nicht«. Verklausulierungen, die in Wahrheit ausdrückten, dass ich läuferisch nur das Nötigste tat und manchmal sogar noch nicht einmal mehr das.

Es gab mehrere Komponenten, die ausschlaggebend dafür waren, dass ich diesen Prozess langsam, unmerklich auch für mich zunächst, umgekehrt habe. Die erste war die Einführung der neuen Leistungsprüfung, des sogenannten Helsen- oder auch HIT-Tests, was die Abkürzung ist für High Intensity Training. Diesen Test absolvieren auch FIFA-Schiedsrichter als Qualifikation für eine Weltmeisterschaft. Man läuft auf einer Laufbahn 150 Meter in 30 Sekunden, dann geht man 50 Meter in 35 Sekunden. Das macht man, je nach Qualifikationsstand 20- bis 30-mal. Es klingt harmlos. Als ich es zum ersten Mal versucht habe, bin ich nach dem zehnten HIT auf der Laufbahn zusammengebrochen, japsend, mit einem Dröhnen in den Ohren. Nie, so dachte ich, niemals würde ich dorthin kommen, die doppelte Anzahl zu schaffen. Mein Ehrgeiz und meine Versagensangst trieben mich an. Ich trainierte auf der Laufbahn, mehrmals die Woche. Vier Monate später bestand ich die Leistungsprüfung. Ich war noch immer zu schwer, viel zu schwer. Aber ich bekam zum ersten Mal seit Jahren wieder eine Ahnung davon, dass es nicht zwangsläufig nur noch bergab gehen müsste. Ich bekam langsam Spaß am Laufen.

Ich laufe jeden Tag. Wenn ich einen Tag nicht laufen kann, sieben, acht, neun, zehn Kilometer, und wenn mir danach ist, auch mehr, fehlt mir etwas, erscheint der Tag mir unvollkommen, nicht komplett. Das Laufen ist Teil der mentalen Vorbereitung auf die Spiele geworden; während ich renne, denke, träume ich mich in meine zukünftigen Partien hinein.

Ich stelle mir die Konstellationen vor, die Trikotfarben der Mannschaften, den Zustand des Sportplatzes, das Verhalten der Zuschauer. Ich überdenke die Tabellensituation, das Wetter, die Anfahrt zum Spielort, den Erfahrenheitsgrad der mir zugeteilten Assistenten. Manche halten diese Gedankengänge für manisch. Auf einem der letzten Lehrgänge teilte ich das Zimmer mit einem 19-Jährigen, einem Aufsteiger, der zum ersten Mal an einem Lehrgang dieser Art teilnahm. Nachdem ich meine Tasche ausgepackt hatte, muss er mich für verrückt gehalten haben: Auf dem Tisch standen und lagen diverse Schmerzmittel und Tabletten, Aspirin und Ibuprofen, Salben, Finalgon, Voltaren, Tabletten gegen Allergien, Iberogast-Tropfen gegen Übelkeit und Tabletten gegen Durchfall, lösliche Energiegetränke und Energieriegel, diverse Tapeverbände in verschiedenen Längen und Breiten, nicht zuletzt drei meiner insgesamt acht Paar Laufschuhe, die ich eingepackt hatte, um für jeden Untergrund und jedes Wetter vorbereitet zu sein. »Du überlässt nichts dem Zufall, oder?«, fragte der junge Mann. Ich konnte darauf wenig sagen.

Ich kann den Zufall nicht beeinflussen. Ich kann das Verhalten von 22 Menschen auf und unzähligen Menschen um den Sportplatz herum nicht vorhersagen. Aber ich kann versuchen, auf alles vorbereitet zu sein. Ich kann nicht ruhig in einen Wettkampf gehen, und ein Fußballspiel ist ein Wettkampf, auch für den Schiedsrichter, ohne das Gefühl, alles dafür getan zu haben, dass er gut ausgeht und in meinem Sinne verläuft. Und ich habe gelernt, dass mein Körper in der Lage ist, mir jederzeit im Weg zu stehen.

Es mag etwas unappetitlich sein, aber es gibt die in unseren Kreisen legendäre Geschichte des Assistenten in der Fußballbundesliga, der sich im laufenden Spiel in die Hose machte, weil er seine Magenkrämpfe nicht mehr kontrollieren konnte (es ist im Übrigen der gleiche Mann, der auf dem Lehrgang der DFB-Schiedsrichter volltrunken und mit dem Kopf vorweg in einen Kleiderschrank stürzte und mit einer Platzwunde ins Krankenhaus gebracht werden musste; das war das Ende seiner Karriere). So etwas würde mir niemals passieren. Sobald ich an einem Spieltag ein leichtes Magengrimmen spüre, werfe ich zwei Imodium akut ein.

Das Trainingsprogramm schlug an: In sechs Monaten hatte ich mehr als zehn Kilogramm verloren und einen Konditionsgrundstock aufgebaut. Ich weiß nun, dass der Satz von den Lungen, die sich weiten, kein Bild, sondern ein konkreter Zustand ist. Und auf dem Platz hat sich nicht alles, aber ungemein viel verändert. Ich bin ruhiger geworden, weil ich nicht mehr darüber nachdenke, wie ich mir über 90 Minuten meine Kräfte einteilen muss. Ich muss sie mir nicht einteilen, weil ich genug davon habe. Und möglicherweise ist es auch keine Einbildung, dass die Akzeptanz bei den Spielern steigt. Ich spreche nicht mehr im Keuchton mit ihnen. Ich bin näher dran, an allem. Ich strahle eine größere Ruhe aus. Wenn man ein Foulspiel pfeift, schaut sich der Spieler zumeist um, um zu sehen, wo der Schiedsrichter steht. Steht er direkt hinter oder neben ihm, bleibt der Protest aus. Ich weiß heute, was ich schon seit langem hätte wissen müssen: Kondition ist kein Selbstzweck. Sie ist ein Ausdruck von Respekt gegenüber dem Spiel und seinen Akteuren. Einen 20-Jährigen werde ich auf dem Platz trotzdem nie mehr einholen. Ich verzeihe es mir, denn das muss ich auch nicht. Aber ich laufe mit gutem Gewissen hinterher, so schnell ich kann, solange ich noch kann.

ANPFIFF
Die Regeln. Ein Erkundungsversuch

Noch zehn Minuten bis zum Anpfiff. Zeit für die Passkontrolle. Das heißt für den Schiedsrichter: Mit der Passmappe und dem Spielberichtsbogen in der Hand geht es in die Kabinen der beiden Mannschaften, ein Betreuer liest die Namen und Nummern der Spieler vor, der Schiedsrichter vergleicht die Passbilder mit den Gesichtern. Manche halten das für überflüssig: Wer betrügen will, bekommt das auch irgendwie hin, zweitens stört es die Konzentration auf das Spiel. Aber es ist Vorschrift, also wird es gemacht.

Zehn Minuten also bis zum Anpfiff des Kreisoberligaspiels in Offenbach, Mitte August, zweiter Spieltag. Wer Offenbach kennt, weiß, dass, bedingt durch die soziale Struktur und die demographische Entwicklung, ein überdurchschnittlich hoher Anteil von Spielern mit Migrationshintergrund auf dem Platz stehen wird. Der Betreuer liest also vor: Nr. 88, und dann den Namen des Spielers, in diesem Fall des Torhüters. Ich stutze. Nr. 88? War da nicht etwas? Gab es da nicht kürzlich ein Rundschreiben? »In diesem Trikot«, sage ich zu dem Torhüter, »laufen Sie heute nicht auf.« Der Mann, seinem Namen nach eindeutig türkischer Herkunft, guckt mich verblüfft an. Warum denn das nicht, will er wissen. Jetzt wird es heikel.

Die Zahl 88 gilt in rechtsradikalen Kreisen als eindeutige Chiffre: Der achte Buchstabe des Alphabets ist das H; die Zahl 88 ist unter Neonazis die Abkürzung für »Heil Hitler«. Zum Beginn der Saison hatte der Verband verfügt, dass Spieler mit dieser Trikotnummer nicht zum Spiel zugelassen werden dürften. Genau das erklärte ich in dieser Offenbacher und dem Neonazitum schon auf den ersten Blick erkennbar fernstehenden Schiedsrichterkabine. Der Torhüter sah mich fassungslos an. »Gucken Sie doch bitte mal auf mein Geburtsdatum«, sagte er dann. Ich schaute auf den Spielerpass: 08. 08. 88 stand dort. Im Ernst. Das Trikot hatte der Torhüter eine Woche zuvor von seinen Mitspielern zum Geburtstag geschenkt bekommen. Keiner wusste von der Bedeutung der Ziffern. Er wechselte ohne Diskussion das Trikot und zog die gute alte Nr. 1 an. Die 88 wollte er zu Hause aufheben. Schließlich war es ein Geschenk.

Ein Schiedsrichter hat die Regeln umzusetzen und nur in den seltensten Fällen zu hinterfragen. Diese Form des Rechtspositivismus macht uns Schiedsrichter vielen Menschen unsympathisch, gerade denjenigen, die sich selbst als kritische Denker begreifen. Ich kann versichern, dass das Schiedsrichteramt und kritisches Denken sich nicht zwangsläufig ausschließen. Aber letztendlich sind wir nun einmal diejenigen, die auf dem Platz eine Entscheidung treffen müssen. Und da ist es vielleicht besser, wenn der Entscheidungsträger auch mit dem Regelwerk des Sports vertraut ist. Eines der größten Probleme mit den Fußballregeln ist, dass die meisten, die darüber sprechen, sie gar nicht kennen. Da kann man dann auch nicht helfen. Man kann aber natürlich fragen: Wofür ist eine Regel da? Was soll sie bewirken? Und vor allem, und das ist das Wichtigste, ist sie, wie es immer so schön heißt, sinnvoll im Sinn und Geist des Spiels?

Mit den Fußballregeln ist es in etwa wie mit dem deutschen Grundgesetz, nur etwas komplizierter. Die Verwaltung, und damit auch die Möglichkeit zur Veränderung der Fußballregeln, liegt in den Händen eines achtköpfigen Gremiums, des International Football Association Board. Das setzt sich zusammen aus vier Vertretern des Weltfußballverbandes FIFA sowie, und Sie lesen richtig, aus je einem Abgesandten der Verbände von England, Schottland, Wales und Nordirland. Die haben nun einmal den Fußball erfunden. Deswegen sitzen sie seit 1886 in diesem Gremium, das sich einmal im Jahr trifft, und zwar im Wechsel jeweils, man ahnte es, in England, Schottland, Wales und Nordirland, um eventuell anstehende Regeländerungen zu besprechen. Um eine Fußballregel zu verändern, bedarf es der Zustimmung von sechs der acht Mitglieder. Und wer die FIFA und Großbritannien kennt, kann sich vorstellen, dass jene Männer (es handelt sich selbstverständlich ausschließlich um Männer), die als Hüter des Heiligen Grals, der Regeln, auserkoren wurden, noch einen Tick konservativer denken als andere. Anders gesagt: Gegen ein Mitglied des International Board ist wahrscheinlich sogar der ehemalige DFB-Präsident Gerhard Mayer-Vorfelder ein kühner, revolutionärer Vordenker. Und das muss auch nicht unbedingt nur schlecht sein. Schließlich funktioniert das Spiel, so wie es ist, zieht das Publikum an, ist spannend und abwechslungsreich. Änderungen stehen dann an, wenn es notwendig erscheint. Manchmal aber auch dann, wenn die Realität Fakten geschaffen hat, an denen man nicht vorbeikommt.

Das prägnanteste Beispiel dafür hat jeder noch vor seinem inneren Auge, doch kaum ein Fußballfan hat seinerzeit, an jenem 9. Juli 2006, begriffen, was rein regeltechnisch beim Endspiel der Fußballweltmeisterschaft im Berliner Olympiastadion passiert ist. Die Chronologie war folgende: Der italienische Abwehrspieler Marco Materazzi, der Torschütze zum 1:1-Ausgleich, war nach einem Wortgefecht mit dem französischen Superstar Zinédine Zidane, dem Torschützen zur 1:0-Führung (den genauen Inhalt ihres Dialogs werden wir wohl niemals erfahren; Materazzi hatte wohl Zidanes Familie beleidigt), von Zidane mit einem Kopfstoß zu Boden gestreckt worden. Der Schiedsrichter, der Argentinier Horacio Elizondo, hatte den Kopfstoß nicht wahrgenommen, seine beiden Assistenten ganz offensichtlich auch nicht.

Das Spiel lief weiter, zwischendurch pfiff Elizondo ein anderes Foulspiel, weiter ging es mit einem direkten Freistoß. Die Begegnung war also nach Zidanes Attacke bereits einmal unterbrochen und erneut fortgesetzt worden. Das ist der Augenblick, in dem bei einem Schiedsrichter die Alarmglocken schrillen. Oder, um ein anderes Bild zu verwenden: In diesem Moment geht eine eiserne Schranke herunter. Wenn das Spiel erst wieder fortgesetzt ist, ist alles zu spät und nichts mehr zu machen. Du hast einem Spieler die gelbe Karte gezeigt und erst später gemerkt, dass er schon Gelb hatte und eigentlich vom Platz hätte gestellt werden müssen? Zu spät, Regelverstoß, Pech gehabt, der Spieler darf weiterspielen.

Im Berliner WM-Finale geschah allerdings wohl Folgendes (es wurde nie offiziell eingeräumt, aber es muss so gewesen sein): Der vierte Offizielle hatte in der Zwischenzeit auf einem Fernsehmonitor die Zidane-Materazzi-Szene gesehen und entweder einen der beiden Assistenten oder Horacio Elizondo selbst darauf aufmerksam gemacht. Da Materazzi noch immer am Boden lag, unterbrach Elizondo das Spiel und wurde nun von der Außenlinie über Zidanes Tätlichkeit informiert. Elizondo traf nun, das musste er, eine Entscheidung, und er traf die menschlich nachvollziehbare und im Nachhinein betrachtet sportlich einwandfreie, zu diesem Zeitpunkt jedoch regeltechnisch vollkommen falsche Entscheidung: Er zeigte Zidane die rote Karte und setzte das Spiel nach Materazzis Behandlung mit Schiedsrichterball fort. Er hätte so nicht handeln dürfen. Das Spiel war zwischenzeitlich unterbrochen und wieder fortgesetzt worden; Zidane hätte nicht vom Platz gestellt werden dürfen. Ein klarer und eindeutiger Regelverstoß des Schiedsrichters, der im Amateurbereich, vorausgesetzt, er wäre, beispielsweise durch die Aussage des Schiedsrichters selbst, zweifelsfrei nachgewiesen, ein Wiederholungsspiel hätte nach sich ziehen können.

Nun sind wir aber in Berlin, beim Endspiel um die Weltmeisterschaft: 715 Millionen Zuschauer vor dem Fernseher plus einige Tausend im Stadion hatten Zidanes Kopfstoß gesehen, und auch der Schiedsrichter wusste, wenn auch verspätet, Bescheid. Es wäre ein Verstoß gegen den Gerechtigkeitssinn eines jeden Zuschauers gewesen, die rote Karte nicht auszusprechen. Und angesichts der erdrückenden Last der Bilder (die bereits kurze Zeit später einen geradezu ikonischen Charakter bekamen; der belgische Schriftsteller Jean-Philippe Toussaint, der selbst im Stadion war, schrieb sogar ein kleines Buch mit dem Titel *Zidanes Melancholie*) hätte der französische Fußballverband sich lächerlich gemacht, wenn er ernsthaft erwogen hätte, Einspruch gegen die Spielwertung einzulegen. Man darf auch davon ausgehen, dass die FIFA von derartigen Überlegungen dringend abgeraten hat.

Der Regelverstoß war nun aber in der Welt. Also schritt das International Board ein und änderte in seiner nächsten Sitzung die Regel, und zwar genau in dem Sinne, wie Schiedsrichter Elizondo im Berliner Endspiel bereits verfahren war: Heute ist es einem Schiedsrichter erlaubt, eine Tätlichkeit, die in seinem Rücken passiert ist, auch noch zu ahnden, wenn zwischenzeitlich das Spiel schon wieder fortgesetzt wurde. Das Spiel muss dann, so wie in Berlin, mit der neutralen Fortsetzung, also dem Schiedsrichterball, weitergehen. Horacio Elizondo war also, wenn auch unfreiwillig, zum Pionier geworden.

Gleiches gilt für seinen Kollegen Pierluigi Collina. Für viele Fans und Zuschauer gilt Collina als der beste Schiedsrichter, den die Welt jemals gesehen hat. Unter uns Schiedsrichtern hat der Mann mit der markanten Glatze (dem der DFB einmal bei einem Länderspiel einen Fön als Gastgeschenk in die Kabine gelegt hat) und dem scharfen, Ehrfurcht gebietenden Blick stets gemischte Gefühle ausgelöst. Klar, Collina hat auch die schwierigsten Spiele immer problemlos über die Bühne bekommen. Und das ist zugegebenermaßen erst einmal das Wichtigste. Die Frage ist aber doch, wie er das geschafft hat – nach seinen eigenen Regeln nämlich.

Kein Schiedsrichter auf der Welt hätte es sich erlauben können, Spiele zu pfeifen wie Collina, außer Collina selbst. Oft hat man den Satz gehört: Wo andere Karten brauchen, hat Collina Persönlichkeit. Das Problem war nur hin und wieder, dass Collina auch dort die Karten wegließ, wo sie dringend nötig gewesen wären, weil die Regel sie nun einmal vorschreibt. Diese Karten heißen Pflichtverwarnungen. Sie gibt es beispielsweise für das taktische Trikotziehen, für ein unsportliches Handspiel, für das Trikotausziehen nach einem Torerfolg oder für das Wegschlagen des Balles nach dem Pfiff.

Es macht, um auch dieses Vorurteil aus der Welt zu schaffen, im Grunde genommen nie Freude, eine gelbe Karte zu zeigen, es sei denn, es trifft einen Spieler, der einem permanent auf die Nerven geht. Aber eine gelbe Karte wegen Ballwegschlagens zu zeigen, macht noch weniger Spaß, weil sofort auf dem Sportplatz und drum herum gemurrt wird. So etwas kommt nicht gut an. Und es gibt auch einen gewissen Ermessensspielraum. Nur ist auch der irgendwann ausgereizt.

Collina war der unübertroffene Meister des ausgedehnten Ermessensspielraums. Ein böser Blick von ihm war für einen Spieler eine härtere Strafe als die gelbe Karte. Collina guckte, die Spieler kuschten. Das ging gut. Die Freiheiten, die er sich nahm, nahm sich kein anderer. Dazu gehörte auch eine Szene während der Fußballeuropameisterschaft im Jahr 2000: Soeben hatten die Niederlande durch einen Strafstoß in der 89. Minute das 1:0 gegen Tschechien erzielt. Plötzlich lief Pierluigi Collina, der das Spiel leitete, zur tschechischen Auswechselbank und zeigte dem dort sitzenden und 20 Minuten zuvor ausgewechselten Radoslav Látal die rote Karte wegen einer Beleidigung, die, so wurde erzählt, weithin zu hören war. Allein – auch das durfte Collina nicht. Denn die rote Karte durfte seinerzeit nur Spielern gezeigt werden, die sich noch auf dem Spielfeld befanden. Andererseits war die Beleidigung eindeutig und das Signal der roten Karte bei einem internationalen Turnier für jeden sichtbar und verständlich. Eine sinnvolle Maßnahme von Collina, nur leider regeltechnisch falsch. Da aber Collina Galionsfigur und Sympathieträger der Schiedsrichtergilde war, reagierte die

FIFA: Ab der kommenden Saison waren gelbe und rote Karten auch für Auswechselspieler erlaubt, eine Lex Collina sozusagen. Und auch hier eine sinnvolle noch dazu.

Das kann man nun nicht von jeder Regeländerung behaupten: Vor jeder neuen Saison werden die Schiedsrichter auf den Lehrgängen mit den jeweils aktuellen Änderungen vertraut gemacht. Die Neuerungen vor der Saison im Jahr 2014 beispielsweise betrafen ausschließlich die Regel 4, die sich mit der Ausrüstung der Spieler beschäftigt, und lauteten folgendermaßen: Zum einen ist es Spielern (und Spielerinnen) ab sofort untersagt, auf ihrer Unterwäsche politische oder religiöse Botschaften zu verbreiten oder Werbeaufschriften zu präsentieren, es sei denn, es handelt sich dabei um das Logo des Unterwäscheherstellers.

Und da sitzt man dann auf einem Lehrgang, und vorne steht ein erwachsener Mann, dessen Aufgabe es ist, diese Regeländerung an uns weiterzugeben, und wir alle wollen eigentlich nur in lautes Lachen ausbrechen. Machen wir dann auch irgendwann. Auch ich werde in Zukunft sehr streng darauf achten, dass kein Spieler auf seiner Unterhose eine religiöse Botschaft verbreitet. Kein Problem. Ich muss nur ehrlich gestehen, dass ich bislang während eines Spiels noch nie die Unterhose eines Spielers zu sehen bekommen habe. Einmal ist es vorgekommen, dass ein Spieler sich, nachdem er ein Tor geschossen hatte, komplett seiner Hose und Unterhose entledigte und sich in entblößtem Zustand vor die Fans der gegnerischen Mannschaft stellte. Ich sah darin, offen gesagt, aber weniger eine politische Botschaft und schickte den Mann mit der roten Karte umgehend zum Duschen.

Aber natürlich fragt man sich, wer bei der FIFA auf die Idee kommt, eine derartige Regeländerung auf den Weg zu bringen. Irgendwo auf der Welt muss es einen Vorfall gegeben haben, der dafür gesorgt hat, dass man bei der FIFA glaubte, reagieren zu müssen. Die meisten Regel- und Anweisungsänderungen kommen auf diese Weise zustande. Spieler sind höchst kreativ und einfallsreich, wenn es darum geht, in bestehende Lücken im Regelwerk hineinzustoßen oder Präzedenzfälle zu schaffen, auf die die Regelhüter dann glauben eine Antwort finden zu müssen. Man denke an die legendäre graue lange Unterhose des verfrorenen Niederländers Arjen Robben, die dieser im Winter 2010 eine Zeitlang trug. Das ging zwei Spieltage lang gut, dann erinnerte der DFB den FC Bayern an die Kleiderordnung: Die Unterziehhosen haben in ihrer Farbe den kurzen Hosen zu entsprechen, also stieg Robben auf Rot um.

Zweite Regeländerung zu Beginn der Saison 2014: Kopfbedeckungen müssen entweder schwarz oder in der Farbe des jeweiligen Trikots gehalten sein. Auch das eine bahnbrechende Neuerung, die vor allem auf muslimische Frauen zielte, die mit Kopftuch Fußball spielen, nun aber zur Folge hat, dass beispielsweise ein Torhüter, der ein gelbes Trikot trägt, zum Schutz gegen die Sonne keine blaue Schirmmütze mehr tragen darf. Nun gehen Sie mal vor dem Spiel kurz vor dem Einlaufen auf den Platz zu einem Torhüter und erzählen ihm, dass er sich noch schnell eine gelbe Mütze zu besorgen habe. Die Begeisterung wird groß sein.

Manchmal aber ist eine Regeländerung nicht nur sinnvoll, sondern verändert auch das ganze Spiel an sich. Zu Beginn der Saison 1992/93 führte das International Board die noch immer fälschlicherweise so genannte Rückpassregel ein. Falsch deshalb, weil sie auch dann gilt, wenn der Ball seitlich oder nach vorne gespielt wird. Nennen wir sie also die Zuspielregel. Sie besagt, dass ein Torhüter, nachdem er den Ball kontrolliert mit dem Fuß von seinem Mitspieler zugespielt bekommen hat, den Ball nicht mehr mit der Hand aufnehmen darf. Für uns Fußballzuschauer heute eine selbstverständliche Praxis, aber erinnern wir uns an die Zeit davor, an die ewigen Pässe der Abwehrspieler zurück zum Torhüter, der den Ball mit der Hand aufnahm, guckte, wartete und ihn dann wieder zurück an den Verteidiger gab und so weiter. Das konnte recht lange so gehen. Es lag im Ermessen des Schiedsrichters, wann er dieses dröge Hin- und Hergeschiebe unterbrach und auf Zeitspiel entschied.

Die Zuspielregel war der tiefste Einschnitt in die Fußballregeln, an die ich mich erinnern kann. Und sie hatte Konsequenzen: Der moderne Torhüter von heute, allen voran Manuel Neuer, ist ein Produkt dieser Regeländerung. Zuvor hatten wir Uli Stein, Toni Schumacher, Oliver Kahn. Torhüter mit sensationellen Reflexen auf der Linie, weit besser und spektakulärer als die eines Manuel Neuer, aber mit einer allenfalls durchschnittlichen Strafraumbeherrschung und einer definitiv unterdurchschnittlichen Technik als Fußballspieler. Die brauchten sie zu dieser Zeit auch nicht. Sie mussten Bälle halten und diese Bälle irgendwie wieder ins Spiel zurückbefördern. Mit Einführung der Zuspielregel genügte das nicht mehr. Selbstverständlich ist die Regeländerung nicht der einzige Grund, der Fußball hat sich taktisch und physisch insgesamt weiterentwickelt, ist schneller geworden, präziser. Aber auch das kam von der Zuspielregel, auf deren Einführung wir Schiedsrichter mit großer Skepsis reagierten, weil wir ein Chaos befürchteten: Was sollte das denn heißen, »kontrolliertes Zuspiel«? Würde es nicht endlose Diskussionen geben?

Gab es nicht, im Gegenteil: Auch in diesem Fall wurden

die Spieler sofort höchst erfindungsreich, um die Regel zu umgehen. Im ersten Freundschaftsspiel, das ich im Sommer 1992, unmittelbar nach Inkrafttreten der neuen Regel, pfiff, lupfte ein gewiefter Abwehrspieler den Ball mit dem Fuß nach oben und köpfte ihn zu seinem Torhüter zurück. Das war erlaubt. Jedenfalls war es nicht verboten. Es hatte einfach niemand diese Möglichkeit in Betracht gezogen. Ich stand also da und guckte mir das an und konnte, durfte nicht eingreifen. Das taten die Regelwächter dann kurze Zeit später und erklärten die Selbstvorlage auf den Kopf kurzerhand zum unsportlichen Verhalten. Das bedeutet, dass bereits der Lupfer auf den eigenen Kopf und das Zuspiel zum Torhüter mit einem indirekten Freistoß plus gelber Karte zu ahnden sind. Damit war die Regellücke geschlossen.

Ohne die Zuspielregel wäre im Übrigen Schalke 04 im Mai 2001 nicht Meister der Herzen, sondern Deutscher Meister geworden, denn der Freistoß, den Schiedsrichter Markus Merk in der 94. Minute für den FC Bayern beim Spiel in Hamburg pfiff und den Patrik Andersson dann zum alles entscheidenden Ausgleich ins Tor drosch, resultierte aus einem Rückpass des Hamburgers Tomáš Ujfaluši zu seinem Torhüter Mathias Schober. Wenn ich mir die Bilder heute anschaue, halte ich die Entscheidung nach wie vor für richtig. Das sehen die Schalker anders. Da war er einmal von Bedeutung, der Streit über das kontrollierte Zuspiel. Merk hat in den folgenden sieben Jahren, bis zu seinem Karriereende, nie wieder ein Spiel von Schalke 04 gepfiffen.

Ein Spiel braucht Regeln und meiner Ansicht nach auch immer einen Schiedsrichter. In Hessen läuft zurzeit ein Modellversuch, die sogenannte Fair-Play-Liga: Bei den jüngsten Nachwuchskickern, der G- und F-Jugend, steht kein

Schiedsrichter mehr auf dem Platz, sondern die Kinder machen untereinander aus, was ein Foul ist und was nicht. An der Seitenauslinie stehen ausschließlich die Trainer, die sich ruhig zu verhalten haben, und die Auswechselspieler. Die Eltern der Kinder müssen, und das aus gutem Grund, mindestens 15 Meter Abstand zum Spielfeld einhalten. Das kann möglicherweise bei Vier- bis Siebenjährigen noch gerade so funktionieren, darüber hinaus wird es kritisch.

Also noch einmal: Ein Spiel braucht Regeln und Menschen, die die Regeln durchsetzen. Und zwar auch dann im Sinn der Gerechtigkeit, wenn sie einem selbst nicht passen. Ich halte es für sinnvoll, dass Spieler keinen Schmuck mehr tragen dürfen. Eine mit einem Siegelring geschmückte Hand ist kein Vergnügen für einen Gegenspieler, wenn sie ganz zufällig und rein aus Versehen natürlich plötzlich in seinem Gesicht landet. Ich weiß allerdings nicht, warum ich vor Spielbeginn die Reihen der Spieler abschreiten muss, um zu kontrollieren, ob nicht einer seine Stutzen mit einem Tapeband festgeklebt hat, das nicht der Farbe der Stutzen entspricht. Das ist mir nämlich wirklich egal. Es ist mir ebenso egal, ob ein Spieler, nachdem er ein Tor erzielt hat, sein Trikot auszieht oder nicht, solange er kurz darauf wieder spielbereit in seiner eigenen Hälfte steht, und zwar mit Trikot. Aber ich habe keine Chance. Und ich muss wissen, was zu tun ist, wenn etwas passiert. Ich muss wissen, dass, wenn drei Spieler derselben Mannschaft beim Torjubel ihr Trikot ausziehen, nur derjenige mit der gelben Karte zu bestrafen ist, der angefangen hat, die anderen aber nicht. Die Regeln lassen uns oft einfach keine Wahl.

Einmal stand ich bei einem erfahrenen älteren Schiedsrichter bei einem Freundschaftsspiel als Assistent an der Linie: Ein Kreisligaverein spielte gegen einen Verein aus der

Zweiten Bundesliga. Die Stimmung war heiter, es waren mehr als 2000 Zuschauer gekommen, kurz vor Schluss stand es 0:12, was niemanden störte. Die Kinder standen schon mit Blöcken bewaffnet rund um das Feld und warteten, bis sie sich endlich Autogramme holen durften, da schoss der Kreisligist aus Versehen auch einmal auf das Tor. Ein guter Schuss. Der Torhüter war geschlagen. Auf der Torlinie stand der Spielführer des Zweitligisten. Und der streckte den Arm aus, eine Dummheit, ein Reflex, was auch immer. Er faustete den Ball von der Torlinie. Und der Schiedsrichter gab nicht nur Elfmeter, sondern zeigte dem Mann auch noch, genau so, wie die Regel es vorschreibt, die rote Karte.

Der anschließende Ärger war riesengroß. Denn eine rote Karte hat, ganz gleich, von welchem Schiedsrichter sie wo gezogen wird, automatisch eine Sperre zur Folge, auch für einen Fußballprofi, auch auf einem Dorfsportplatz. Ob man sich da nicht mal zusammenreißen könne, fragte der Mannschaftsverantwortliche in der Kabine (wohlgemerkt: er meinte nicht seinen Spieler, der dem Kreisligisten das Ehrentor nicht gegönnt hatte, sondern uns Schiedsrichter), ob man da so gnadenlos sein müsse. Der ältere, erfahrene Schiedsrichter konnte nur mit den Schultern zucken. Da draußen, antwortete er, hätten 2000 Menschen gestanden. Vor all denen habe er weder sich noch die Fußballregeln unglaubwürdig machen wollen. Eine gute Antwort. Die an diesem Tag allerdings erwartungsgemäß auf wenig Verständnis stieß.

Eine Werbeanzeige des DFB für das Schiedsrichteramt wirbt mit dem Slogan »Leistung, die Respekt verdient«. Als eines der Merkmale eines Schiedsrichters wird aufgeführt: »Kennt 120 Seiten Regeln auswendig.« Ich gebe zu: Das tue ich nicht. Ich weiß ziemlich genau, was im Regelheft steht. Und das muss auch reichen. Unsere Regelkenntnis wird ständig überprüft. Auf Lehrgängen, aber auch in einem monatlichen sogenannten Hausregeltest, für den wir auf einem eigens eingerichteten Onlineportal 15 Regelfragen beantworten müssen. Von 30 möglichen Punkten müssen mindestens 25 erreicht werden, sonst gilt der Test als nicht bestanden. Und wie bei den Regeln selbst, gibt es auch im Bereich der Regelfragen sinnvolle, also praxisnahe, oder eher abstruse Regelfragen.

1. Was zum Beispiel hat der Schiedsrichter zu tun, wenn im Winter bei eisigen Temperaturen ein Ball gegen die Latte geschossen wird und dort festfriert? Eine Situation, wie sie ja häufiger einmal vorkommen kann. 2. Was haben wir zu unternehmen, wenn ein Ball aufs Tor geschossen wird und ein neben dem Tor stehender Zuschauer versucht, ihn mit seinem Regenschirm aufzuhalten, was ihm aber nicht gelingt, weswegen der Ball vom Regenschirm abprallt und ins Tor geht? 3. Wie müssen wir vorgehen, wenn wir ein Spiel angepfiffen haben und urplötzlich bemerken, dass bei einem der beiden Teams noch gar kein Torhüter im Tor steht (ein Fall, der in der Bundesliga vor nicht allzu langer Zeit tatsächlich vorgekommen ist)? 4. Was, wenn der Torhüter sich den Ball zum Abstoß zurechtlegt und ihn sich ins eigene Tor schießt? Auch das eine Situation, die aufgrund widriger Wetterverhältnisse tatsächlich einmal passiert ist, man kann sie sich nach wie vor im Internet anschauen. Dort blies der Wind den weit und hoch nach vorne geschossenen Ball direkt ins Tor zurück; der Schiedsrichter beging einen Regelverstoß und erkannte das Tor an. 5. Und wie hoch muss die Eckfahne sein? 6. Wie viele Hilfsflaggen sind rund um das Spielfeld aufzustellen, wenn es plötzlich zu schneien be-

ginnt? 7. Wie muss sich der Schiedsrichter verhalten, wenn ein Spieler den Strafstoß mit der Hacke nach hinten zu seinem Mitspieler spielt? 8. Und wie muss ich mich verhalten, wenn eine Mannschaft ein Tor erzielt hat und ich plötzlich bemerke, dass ebenjene Mannschaft mit zwölf Spielern auf dem Platz steht? 9. Darf ich ein Spiel anpfeifen, wenn auf dem Sportplatz in der Nacht zuvor ein Blitz die Torlatte gespalten hat und der Heimverein stattdessen eine Schnur gespannt hat? 10. Wie muss ich das Spiel fortsetzen, wenn ich sehe, dass an der Auswechselbank der Trainer gerade einen Zuschauer würgt? 11. Muss ich ein Spiel abbrechen, wenn eine Mannschaft mit 0:16 hinten liegt und der Spielführer der unterlegenen Mannschaft mich um den Abbruch bittet? 12. Und wie entscheide ich, wenn ein außerhalb des Strafraums stehender Verteidiger seinem innerhalb des Strafraums stehenden Gegenspieler einen Schienbeinschützer an den Kopf wirft?

Es gibt Spezialisten, die in der Lage sind, aus dem Stegreif die absurdesten Regelfälle zu konzipieren und auch noch zu beantworten. Da sind sich Schiedsrichter und Juristen in ihrer Freude am Durchspielen von Möglichkeiten und Fällen ziemlich ähnlich. Und es könnte ja schließlich auch einmal passieren, irgendwann, irgendwo, und dann muss man auf alles vorbereitet sein. Stichwort Juristen: Wo es ein Gesetz gibt, das Regelwerk, gibt es selbstverständlich auch Richter, Sportrichter. Die meisten Verfahren, rote Karten wegen Foulspiel oder Beleidigungen, werden im sogenannten Einzelrichterverfahren, also von einer einzelnen, für die jeweilige Liga zuständigen Person, erledigt. Bei schwerwiegenden Vorfällen wie Gewalt gegen Schiedsrichter, Ausschreitungen oder dann, wenn ein Verein Einspruch gegen ein Urteil einlegt, kommt es zu einer mündlichen Verhandlung.

Der Unterschied zu einer normalen Gerichtsverhandlung ist allerdings der, dass kein Zeuge vor dem Sportgericht der Wahrheitspflicht unterliegt. Das heißt: Nicht nur der Angeklagte darf lügen, sondern jeder andere auch. Das kann zu kuriosen Situationen führen. Aber dazu an anderer Stelle mehr.

Das Regelwerk jedenfalls ist in der Praxis weitaus weniger kompliziert, als es in der (noch dazu geradezu naturgemäß relativ ungelenk formulierten) Theorie erscheinen mag. Die Schriftstellerin Kirsten Fuchs hat für eine Radiosendung einmal spaßeshalber das DFB-Regelheft wie einen Roman rezensiert und dabei bemerkenswerte Beobachtungen gemacht. Sätze wie »Der Ball ist regelkonform, wenn er kugelförmig ist«, »Es sind möglichst Fahnen in lebhafter Farbe zu verwenden« oder »Die natürliche Silberfarbe bei Toren aus Metall ist zulässig« kamen ihr dabei vor wie poetische Lichtpunkte innerhalb einer ansonsten unendlichen und ermüdenden Abfolge von Konditionalsätzen.

Und es stimmt: Die Fußballregeln sind ein ewiges »Wenn-dann«-Gefüge, weil auch der Fußball ein ewiges »Wenn-dann«-Gefüge ist. Wenn der Verteidiger einen Fehler macht, dann fällt ein Tor. Wenn ein Spieler einen anderen tritt, dann gibt es einen Freistoß und eine Verwarnung. Wenn ein Spieler im Interview gar nicht mehr weiterweiß, dann flüchtet er sich gerne in die Floskel »Fußball ist ein einfaches Spiel«. Und ich würde sagen: Da bin ich mir nicht sicher. Die Regeln sind jedenfalls wesentlich einfacher, als viele denken. Zum Beispiel die umstrittenste, weil angeblich so komplizierte Abseitsregel, die elfte von insgesamt 17. Ich möchte wirklich einmal wissen, was an einer Regel kompliziert sein soll, die man im Normalfall jedem durchschnittlich begabten Menschen beim Abendessen oder beim Frühstück mit Hilfe zweier Salz- und zweier Pfefferstreuer und einer zusammengeknüllten Serviette erklären kann. Wenn Sie einmal in größerer Runde reüssieren wollen oder Ihnen beim Party-Smalltalk gar nichts mehr einfällt, sagen Sie doch mal diesen ganz unkomplizierten, wenn auch wiederum nicht sonderlich eleganten Konditionalsatz auf: »Ein Spieler befindet sich in einer Abseitsstellung, wenn er der gegnerischen Torlinie näher ist als der Ball und der vorletzte Gegenspieler.« Das war's. Im Ernst. Gut, da gibt es jetzt noch so ein paar kleinere Ergänzungen und Einschränkungen, aber im Grunde kommen Sie damit schon ziemlich weit.

Eine Regel, deren Auslegung, gerade in der Bundesliga, mich wiederum ziemlich ratlos macht, ist jener Bereich der Regel 12 (»Verbotenes Spiel und unsportliches Betragen«), der sich mit dem Thema Handspiel auseinandersetzt. Lucien Favre, Trainer von Borussia Mönchengladbach, ein Mann, der aufgrund seiner Sachlichkeit und Fairness gar nicht hoch genug zu schätzen ist, hatte vor einiger Zeit im Interview vor laufender Kamera einen impulsiven Ausbruch: »Das ist Wahnsinn«, sagte er immer wieder und meinte damit den Umstand, dass Abwehrspieler mittlerweile im Strafraum zum Teil mit hinter dem Rücken verschränkten Armen in einen Zweikampf gehen aus Angst, angeschossen zu werden und auf diese Weise einen Elfmeter zu verursachen. Man kann Favre eigentlich nur zustimmen: Das Wort »Absicht« klingt so einfach und ist in Wahrheit hochkompliziert. Wenn wir Schiedsrichter über einen Vorfall schriftlich berichten müssen, ist uns das Wort »Absicht« strikt untersagt. Das hat verschiedene Gründe, unter anderem auch zivilrechtliche. Denn bislang ist es noch nicht üblich, dass ein Spieler einen Gegenspieler wegen einer aufgrund eines

Foulspiels erlittenen Verletzung vor einem Zivilgericht verklagt. Wenn der Schiedsrichter in seinem Bericht von einer vorsätzlichen Tat spräche, hätte das also unüberschaubare Konsequenzen. Beim Handspiel ist das anders. Es gibt den offensichtlichen Fall des absichtlichen und unsportlichen Handspiels, den Stürmer, der den Ball mit der Hand ins Tor schlägt, oder seinerzeit Oliver Kahn, der, als Bayern München im Rückstand lag, in der letzten Spielminute nach vorne raste und einen Eckball mit beiden Händen ins gegnerische Tor faustete (seine anschließende Äußerung, er sei ja schließlich im Strafraum gewesen und habe gedacht, da dürfe er die Hand zu Hilfe nehmen, spricht für seine Selbstironie).

Aber dann gibt es auch die Grenzfälle: Das Kopfballduell, bei dem dem Spieler der Ball gegen den erhobenen Arm fliegt. Ein klares und auch eindeutig absichtliches Handspiel, das die Trainer jedes Mal, wenn es gepfiffen wird, auf die Palme bringt und zu dem Hinweis veranlasst, man müsse doch beim Springen irgendwie Schwung holen dürfen. Da kann man nur sagen: Früher war zwar nicht alles besser, aber früher sprang kein Spieler mit zwei erhobenen Armen in einen Kopfball. Man muss auch, aber das nur nebenbei, seinem Gegenspieler beim Schwungholen nicht gewohnheitsmäßig den Ellenbogen ins Gesicht schlagen, wie es manche Spieler mittlerweile tun. Auch eine Schutzhand, wie immer wieder behauptet wird, gibt es nicht. Es klingt möglicherweise zynisch, aber wenn ein Spieler, der sein Gesicht mit der Hand vor dem Ball geschützt hat, mich fragt: »Muss ich mir den Ball in die Fresse schießen lassen, oder was?«, kann ich nur antworten: »Ja.« Mehr gibt es dazu nicht zu sagen. Die sogenannte Vergrößerung der Körperfläche ist eine Erfindung der Medien, die mittlerweile zwar noch keine Aufnahme ins Regelwerk, wohl aber in die Lehrarbeit gefunden hat. Ich pfeife Handspiele, ich gebe es offen zu, tendenziell rein nach Gefühl. Ich pfeife lieber eines zu wenig als eines zu viel. Ich habe selten einmal eine umstrittene Handentscheidung in meinen Spielen. Auffällig ist allerdings, dass Zuschauer und Spieler mittlerweile zehnmal so oft wie noch vor wenigen Jahren »Hand« schreien. Sie setzen um, was sie im Fernsehen sehen.

Es gibt vier Grundsätze, mit deren Hilfe man sich Regelproblemen nähern und verzwickte Regelfragen lösen kann: Erstens: Die Mannschaft, die gegen die Regel verstößt, soll den größtmöglichen Nachteil haben. Zweitens: Aus einem Vorteil darf niemals ein Nachteil werden. Drittens: Begeht eine Mannschaft zwei Vergehen hintereinander, dann ist immer das schwerere der beiden Vergehen zu bestrafen, siehe erstens. Viertens: Wenn zwei Mannschaften hintereinander eine Regelübertretung begehen, dann ist immer das erste Vergehen zu bestrafen.

Ach so, Sie wollten noch die Antworten auf die oben gestellten Regelfragen wissen? Kaufen Sie sich ein Regelheft. Oder besuchen Sie einen Schiedsrichter-Neulingslehrgang. Nein, das ist natürlich unfair. Also, die Antworten: 1. Man unterbricht das Spiel, entfernt den festgefrorenen Ball von der Latte und setzt das Spiel mit Schiedsrichterball fort. 2. Das Tor zählt nicht, weil der Zuschauer mit seinem Regenschirm von außen auf das Spiel eingewirkt hat. Es gibt einen Schiedsrichterball auf der Torraumlinie und eine Meldung im Spielbericht. 3. Das Spiel ist sofort zu unterbrechen, weil ohne Torhüter nicht gespielt werden darf, und erst dann, wenn der Torhüter spielbereit in seinem Tor steht, mit Schiedsrichterball fortzusetzen. 4. Das Tor zählt nicht; der Abstoß wird wiederholt. 5. Die Eckfahnen müssen mindestens 1,50 Meter hoch sein. 6. Bei Schnee sind rund um das Spielfeld acht Hilfsflaggen aufzustellen. 7. Diese Art der Strafstoßausführung ist nicht zulässig; es gibt einen indirekten Freistoß auf dem Strafstoßpunkt. 8. Das Tor zählt nicht, indirekter Freistoß auf der Torraumlinie, Verwarnung für den zwölften Spieler. 9. Nein, ein Spiel ohne Torlatte ist nicht erlaubt. 10. Spiel unterbrechen; der Trainer ist aus dem Innenraum zu verweisen, das Spiel mit Schiedsrichterball fortzusetzen. 11. Nein, nur dann, wenn die unterlegene Mannschaft durch Feldverweise oder Verletzungen bereits weniger als sieben Spieler auf dem Feld hat. 12. Strafstoß und Feldverweis, weil der getroffene Spieler im Strafraum steht.

Aber das wussten Sie ohnehin, oder?

HALBZEITPAUSE
Erfahrungen sammeln. Über Person und Persönlichkeit

So, jetzt ganz schnell die Tür hinter mir zugemacht und den Schlüssel einmal im Schloss gedreht. Das Kabinenfenster geschlossen und den Rollladen heruntergelassen. Sich auf den Stuhl gesetzt, eine Zigarette angezündet, was interessiert mich das »Hier bitte nicht rauchen«-Schild an der Wand. Das Gegrummel von draußen dringt noch immer unheilvoll in die Kabine herein.

Und dann die Gedanken: Habe ich jetzt etwas falsch gemacht? Was habe ich falsch gemacht? Hatte ich wirklich ein so schwieriges Spiel, oder habe ich es mir schwer gemacht? Und benimmt sich dieser Vollidiot, der die Wurzel allen Übels war am heutigen Nachmittag, jede Woche so? Falls ja, dann dürfte er ja eigentlich gar nicht mehr mitspielen, weil ihn in diesem Fall jeder meiner Kollegen Woche für Woche vom Platz stellen würde.

Ich bin 19 Jahre alt, der Mann ist knapp doppelt so alt. Sonderlich laufstark ist er nicht mehr, aber er kann den Ball mit dem Rücken zum Tor annehmen und halten, und er hat

Instinkt: Er weiß, wo er zu stehen hat, um den Ball im richtigen Moment zu bekommen und im Tor zu versenken. Für die Kreisliga reicht das gerade noch; zweimal hat das funktioniert heute, da stand er richtig, und das Spiel endete 2:2; es endete allerdings ohne ihn.

85 Minuten lang hat dieser Mann mit mir Katz und Maus gespielt, von der zweiten bis zur 87. Minute. Ist hingefallen und hat lamentiert, hat seine Gegenspieler provoziert und für Unruhe gesorgt, hat das Publikum gegen mich aufgebracht und seine Mitspieler noch dazu. Und ich habe ihn nicht zu fassen bekommen. Hatte kein Mittel gegen ihn. Und dann, in der 87. Minute, beim Stand von 2:2, fällt er im Strafraum hin, schreiend, wieder mal, und ich rufe: »Steh auf«, und da hat er sich für einen kurzen Augenblick nicht im Griff, deswegen spielt er Kreisliga, nur Kreisliga.

»Du«, ruft er laut und merkt, dass ich direkt hinter ihm stehe, »Arsch«, so endet er leise, nur für mich hörbar, aber das genügt ja auch. Und der Arsch zieht die Arschkarte, die rote, und der Mann muss vom Platz, das Volk tobt. Und ich? Ich verstecke mich in der Kabine. Warte, bis draußen keiner mehr ist, und verkrümele mich dann unauffällig in Richtung Auto.

Falsch, alles falsch, denke ich heute, rund 20 Jahre später, alles falsch gemacht, falscher Ansatz, falscher Umgang, falscher Ton, falsches Verhalten. Der Volksheld darf jetzt zwei Wochen lang nicht mitspielen, wird am Spielfeldrand stehen und von dem unfähigen Jungspund erzählen, der ihn da vom Platz gestellt hat, wegen nichts, kann er behaupten, hat ja schließlich keiner gehört. Und die Vereinsverantwortlichen werden sagen: »Der war so arrogant, mit dem war ja nicht mehr zu reden, der hat sich ja eingeschlossen nach dem Spiel.« Und sie haben recht. Nur, dass mein Verhalten selbstverständlich kein Ausdruck von Arroganz, sondern von tiefer Verunsicherung war.

Woher soll ein 19-Jähriger kurz vor dem Abitur ohne Erfahrung im Umgang mit Menschen plötzlich die Fähigkeit hernehmen, souverän und adäquat mit 22 erwachsenen Menschen auf einem Fußballplatz umzugehen? Heute würde mir so etwas nie mehr passieren. Heute wüsste ich, was ich zu tun hätte: mir den Mann hinstellen, wie beim Boxen, ihn mir zurechtstellen, so dass jeder da draußen es auch merkt. Und dann gegebenenfalls entweder zuschlagen oder ihn leben lassen, das hinge dann von ihm ab. Aber es braucht eine lange Zeit, um sich dieses Wissen anzueignen, und die Persönlichkeit, die man auf dem Fußballplatz als Schiedsrichter darstellt, ist auch Ausdruck einer biographischen Entwicklung insgesamt.

Die prinzipielle Frage lautet doch: Was hat ein Schiedsrichter auf dem Spielfeld zu tun? Die prinzipielle Antwort lautet: Er hat Entscheidungen zu treffen und durchzusetzen. Je glaubhafter er diese Entscheidungen allen Beteiligten gegenüber darstellen kann, umso weniger Probleme hat er. Ich bin kein musikalischer Mensch, und ich würde mir selbstverständlich nie anmaßen, die Tätigkeit eines Schiedsrichters auf die gleiche Ebene zu heben wie die eines Dirigenten, aber trotzdem ist die Leitung eines Fußballspiels in etwa vergleichbar mit der eines Orchesters.

Das Wort »leiten« ist ein wichtiges Wort. Ein junger Schiedsrichter verwaltet das Spiel anhand der Regeln, die er auf dem Lehrgang beigebracht bekommen hat. Er sieht etwas, er ahndet es, er ist nicht bereit, darüber zu sprechen oder gar zu diskutieren. Ein Charakteristikum eines jungen Schiedsrichters ist sein über 90 Minuten lang unbewegtes, vermeintlich von keinerlei Emotionen erschüttertes Gesicht. Dahinter versteckt er sich. Die Maske auf dem Spielfeld, der Rollladen in der Kabine. Dichtmachen. Soll Unangreifbarkeit signalisieren, kommt nicht gut an, wie sollte es auch? »Timm-Thaler-Gespanne«, so nennt der Chef-Ausbilder unseres Verbandes jene jungen Trios, die während des gesamten Spiels keine Miene verziehen, nach dem Buch von James Krüss, in dem ein Junge sein Lächeln verkauft.

Als ich meine Schiedsrichterprüfung ablegte, war ich 14 Jahre alt. Ich hatte eine halbwegs vernünftige Regelkenntnis, sonst nichts, und damit zieht man eben in die Welt hinaus. Ich kannte die meisten Sportplätze in meinem Heimatkreis aus meiner aktiven Fußballerzeit; ich wusste, gegen welche Vereine ich selbst ganz gerne und gegen welche ich weniger gerne gespielt hatte, sonst wusste ich nichts. Ich kannte niemanden, niemand kannte mich. Und dann muss man langsam anfangen, sich hineinzutasten in ein Verhalten gegenüber den wesentlich älteren, zumeist erwachsenen Trainern und Betreuern der Jugendmannschaften, gegenüber den jüngeren, aber nicht deutlich jüngeren Spielern, gegenüber den Zuschauern, in diesem Fall Eltern zumeist.

Ich komme aus einer eher ländlichen Gegend. Das ist in diesem Fall ein Glück. Keine Spur von Auswüchsen, wie ich sie heute nach beinahe jedem Wochenende in der Zeitung lesen muss: Vater stürmt das Spielfeld und verprügelt vor den Augen seines neunjährigen Sohnes den Schiedsrichter; Eltern verprügeln sich an der Seitenlinie gegenseitig, während ihre Kinder verängstigt und fassungslos auf dem Platz herumstehen und nicht genau wissen, was sie denn jetzt tun sollen. Das alles gab es nicht in der tiefen westdeutschen Provinz des Jahres 1988.

Und trotzdem würde ich sehr selbstbewusst behaupten, dass ich, bereits damals, durch die Schiedsrichterei einige

Charaktereigenschaften entwickelt habe, die mir auch außerhalb des Fußballplatzes enorm zugutekommen (über die unguten Nebenwirkungen später mehr): Ich kann mich auf Menschen und Situationen einstellen. Ich kann mich durchsetzen und dabei freundlich bleiben. Ich kann gut mit Kritik umgehen. Und ich habe auf vielfache Weise bestimmte Formen von Beharrlichkeit und Selbstdisziplin entwickelt. Um keine Missverständnisse aufkommen zu lassen: Ich spreche hier nicht von den neoliberalen Mechanismen, nicht von der harten Arbeit an sich selbst, um immer besser, verwertbarer, verwendungsfähiger zu werden, nicht von der Selbstoptimierung um des Erfolgs willen. Die Persönlichkeitsentwicklung auf dem Fußballplatz ist ein Nebeneffekt, ein Prozess, der ganz unmerklich abläuft und nur retrospektiv beschreibbar ist, aus dem Gegensatz zwischen den Anfängen und dem Jetztzustand.

Die wichtigste Eigenschaft, die einen Schiedsrichter auszeichnen sollte, ist Gelassenheit. Wer in hektischen Situationen Ruhe ausstrahlt, kann damit auch auf die Spieler einwirken. Das funktioniert selbstverständlich nicht immer, aber sehr oft. Wenn zwei Mannschaften sich treten wollen, dann hilft auch keine Gelassenheit mehr, dann braucht es Entschlossenheit und Mut. Und es braucht immer und in jedem Fall die Fähigkeit, seine Entscheidungen nach außen hin glaubwürdig zu verkaufen. Das ist in internationalen Spielen besonders offensichtlich: Niemand glaubt doch ernsthaft, dass beispielsweise ein spanischer Schiedsrichter, der vor 80 000 tobenden Fans bei einem Champions-League-Spiel in Dortmund an die Trainerbank muss, um ein paar Worte in das vor Wut verzerrte Gesicht von Jürgen Klopp zu sprechen, sich in diesem Augenblick verständlich machen kann im Sinne einer sinnvollen Kommunikation. Das ist eine rein symbolische Handlung. Die Zuschauer brüllen, Klopp muss Druck loswerden, und der Spanier erzählt irgendetwas. Vielleicht, wie schön grün der Rasen doch heute wieder sei, ich weiß es nicht. Hier geht es nicht um die Worte, sondern um die Geste. Klopp versteht sie – »der Schiedsrichter war jetzt also mal bei mir« –, das Publikum und die Fernsehzuschauer haben es verstanden, und der Schiedsrichter macht ein freundliches Gesicht und nickt noch einmal und zeigt vielleicht sogar den Daumen in Richtung Klopp, und das Signal ist gesetzt.

Die Kommunikation auf einem hessischen Dorfsportplatz vor 150 Zuschauern muss selbstverständlich anders ablaufen, subtiler, weniger demonstrativ. Der Unterschied zwischen meinen Spielen vor 20 Jahren und denen heute ist, abgesehen von dem Umstand, dass ich selbstverständlich auch in der Beurteilung der Zweikämpfe, in den Bewegungsabläufen bei Foulspielen einen breiteren Erfahrungshorizont habe, vor allem der, dass ich heute unglaublich viel mit den Spielern spreche. Und zwar leise, im Vorbeigehen, meistens freundlich, zumindest im ersten Versuch. In jungen Jahren war ein Spiel eine Wand, vor der ich stand und an der ich hochklettern musste, mir mühsam jeden einzelnen Tritt suchend, immer wieder abrutschend. Heute ist es eher ein Gang durch eine Hügellandschaft.

Um in einem juristischen Zusammenhang zu bleiben (und ich bin ja ein Richter auf dem Platz, ein Ankläger noch dazu und Polizist ohnehin): Je mehr Präventivarbeit ich leiste, umso weniger Gefängnisstrafen muss ich aussprechen. Auf Lehrgängen und Regelabenden heißt es immer: Die ersten zehn Minuten gehören dem Schiedsrichter. Hier legt er die Maßstäbe fest, hier macht er deutlich, welche Spielweise er duldet und welche nicht, was er sich gefallen lässt und was nicht, wie schnell es ihm gelingt, bei Freistößen die Mauer auf die richtige Entfernung zu bringen (und zwar auch ohne das berüchtigte Freistoßspray), wie er sich ansprechen lässt und welchen Tonfall er sich verbittet. All das stimmt. Ebenso wichtig ist es allerdings auch, in den ersten zehn Minuten den jeweiligen Leitwolf, das Alphatier zu finden und einen ersten Kontakt zu ihm aufzunehmen.

Ein solches Alphatier hat jede Mannschaft, es geht gar nicht ohne. Selbst im modernen Spitzenfußball, in dem das Kollektiv als eine technisch brillante Einheit funktioniert, in der jeder die Laufwege jedes Spielers kennt und sich dementsprechend verhalten kann, gibt es immer einen, der den Takt angeben muss, der das Spiel schnell oder langsam machen kann. Das ist natürlich nicht mehr der Lothar Matthäus, der die Führungsrolle ganz offensiv für sich beansprucht hat. Obwohl auch Matthäus als Figur interessant ist: Matthäus war als Spieler, das kann man anhand von Interviews überprüfen, die ja ohnehin stets ein Genuss waren und sind, kein Freund der Schiedsrichter; er hielt sie, obwohl er selbst das nicht so ausdrücken konnte, für gescheiterte Fußballexistenzen, die nun auf dem Platz ihrem Selbstdarstellungsdrang nachgeben müssen. Umgekehrt aber war er für einen Schiedsrichter selbstverständlich immer eine zentrale Figur als Ansprechpartner. Es wird sich schwer überprüfen lassen, aber ich könnte wetten, dass Matthäus im Lauf seiner Karriere nur sehr wenige gelbe Karten wegen Reklamationen erhalten hat. Und auch sein Nachfolger in der Leitwolfrolle in der deutschen Nationalmannschaft, Michael Ballack, hätte eigentlich in fast jedem Spiel, so fühlt es sich jedenfalls in meiner Erinnerung an, wegen seiner ständigen Meckereien vom Platz geschafft werden können. Wurde er aber nicht. Den Aggressive Leader hält der Schiedsrichter sich warm.

Dass Ballack von Joachim Löw auf eher unfreundliche Art aussortiert wurde, lag weniger an seinem Führungsanspruch als an seiner Spielweise, die nicht mehr ins Konzept passte. Ohne Bastian Schweinsteiger hätte Deutschland das WM-Finale 2014 niemals gewonnen. Auch er ein Leader, aber ein moderner.

Der Leitwolf muss nicht immer der Spielführer sein. Wenn der Torhüter der Spielführer ist, bringt es wenig, ihn auf seine Seite zu bringen, zumal er dann garantiert auch nicht derjenige ist, der innerhalb seiner Mannschaft die Fäden zieht. Vielleicht ist der Spielführer-Torhüter derjenige, der nach dem Training die besten Witze erzählen kann (ich spreche aus Erfahrung; ich war in der Jugend Torhüter und Spielführer, und das bestimmt nicht, weil ich der beste Mann auf dem Platz war). Oder er hat einen Partykeller, in dem man sich nach den Spielen trifft.

Das Alphatier aber ist ein anderer. Man lernt ihn im Normalfall recht schnell kennen, weil er der Erste ist, der beim ersten Pfiff des Spiels gegen seine Mannschaft neben dem Schiedsrichter steht und mal nachfragt, was das denn jetzt war. Er macht das nicht unhöflich, aber doch mit einer gewissen Dringlichkeit. Nach dem altbewährten Wald-rein-raus-Schallprinzip ist der Umgangston des Schiedsrichters mit dem Alphatier zunächst dementsprechend. Das kann sich im Lauf eines Spiels ändern, muss es aber nicht.

Früher war das zumeist der Libero, der von hinten das Spiel aufbaute und im Notfall abräumte, was abzuräumen war; heute gibt es keinen Libero mehr, noch nicht einmal in der Kreisliga C, obwohl das in manchen Fällen vielleicht angebracht wäre. So gut wie nie ist das Alphatier der sogenannte Sechser, der früher mit dem Begriff »Staubsauger vor der Abwehr« (bitte fünf Euro ins Phrasenschwein) umschrieben wurde. Der Sechser ist viel zu beschäftigt damit, den filigranen Kreativspieler des Gegners (zu dem kommen wir gleich noch) am Fußballspielen zu hindern, als dass er auch noch die Zeit hätte, sich mit dem Schiedsrichter zu unterhalten. Der Umgangston mit dem Sechser ist in der Regel ebenfalls sehr bestimmt, aber nicht ganz so höflich.

Das Alphatier aber müssen wir so lange wie möglich an unserer Seite halten. Wenn wir den Leitwolf zu unserem Freund machen können, nimmt er uns eine Menge beschwerlicher und auch unpopulärer Arbeit ab. Wenn das Alphatier sich von uns als Alphatier erkannt und akzeptiert fühlt, hilft es uns in manchen Situationen tatsächlich, und das ist eine wirkliche Hilfe, also keine Hilfe im Sinne eines Spielers, der bei einer Rudelbildung hinzukommt und den Gegenspieler wegzieht (weil er ja helfen und Frieden stiften will) und diesem dabei so ganz aus Versehen noch auf die Zehen tritt oder einen Finger in die Nase steckt.

Man spricht mit dem Leitwolf also höflich. Man macht ihm deutlich, dass die Erwartungen, die man ihm gegenüber formuliert, stellvertretend für die gesamte Mannschaft gelten und dass man von ihm auch unausgesprochen erwartet, dass er das an seine Mannschaft weitergibt. Es ist ein Paradox: In letzter Konsequenz habe ich als Schiedsrichter das Sagen. Ich habe die Macht, ich habe die Karten. Und trotzdem ist es enorm wichtig, dem Alphatier gegenüber die Macht des Schiedsrichters nicht auszuspielen, sondern ihm die Sicherheit zu geben, dass man es mit einem gleichberechtigten, akzeptierten Gesprächspartner zu tun hat, dessen Autorität man achtet, wie man auch die eigene Autorität geachtet sehen will. Und um eine derartige subtile Kommunikationsebene in einem fein austarierten Machtgefüge zu finden, bedarf es nun einmal Erfahrung und Selbstbewusstsein.

Wo soll ein 17- oder 18-Jähriger das hernehmen? Ich hatte es jedenfalls nicht, und ich sehe heute mit Staunen, wie souverän und zielsicher junge Schiedsrichter der heutigen Generation bereits auf dieser Ebene agieren. Sie sind ganz einfach besser geschult und vorbereitet, als wir es früher waren.

Der schlimmste Fehler wäre es, das Alphatier öffentlich und vor seiner eigenen Mannschaft bloßzustellen. Sein Gesicht darf der Leitwolf nicht verlieren, nicht vor seinen Mitspielern, nicht vor den Zuschauern. Den zitiert man nicht, wie man es mit anderen Spielern hin und wieder einmal machen muss – Stichwort: Außenwirkung – einfach einmal so zu sich und staucht ihn mit großer Gestik zusammen. Das erträgt er nicht, das darf er nicht dulden, da macht man ihn sich zum Feind und mit ihm den Rest der Mannschaft, und dann gibt es nur noch einen Weg, nämlich den der Konfrontation. Der Schiedsrichter wird letztendlich, so ist das Spiel, den Kampf gewinnen, weil es ein ungleicher Kampf ist. Aber das macht keine Freude. Manchmal gibt es keinen anderen Weg, und wenn man ihn erst einmal eingeschlagen hat, muss man auch diesen Weg mit aller Konsequenz gehen. Wenn das Alphatier bloßgestellt ist, gibt es kein Zurück mehr. Im Grunde genommen hilft es dann nur noch, den entsprechenden Spieler so schnell wie möglich aus dem Spiel zu nehmen. Möglichkeiten dazu wird er dem Schiedsrichter, da darf man sicher sein, in Hülle und Fülle liefern. Spaß macht das dann allerdings nicht mehr.

Der Leitwolf kann auch in der präventiven Ansprache helfen. Das funktioniert meistens wunderbar: Da gibt es zum Beispiel einen Stürmer, der von Beginn an durch Theatralik und, bei nicht erfolgten Pfiffen, durch Reklamationen auffällt. Man könnte ihn ansprechen, direkt und hart. Das geht, ergibt aber erfahrungsgemäß wenig Sinn; mit Stürmern ist sehr schwer zu reden, jedenfalls für mich, weil sie mir in ihrem Tun und Denken die fremdesten Akteure auf dem Platz sind. Klar, sie sollen und wollen Tore schießen, das verstehe ich, aber die Wahl ihrer Mittel ist mir dann doch oft schleierhaft, denn es wird mir nie einleuchten, warum ein Fußballspieler, der Tore schießen soll und will, mindestens die Hälfte des Spiels damit beschäftigt ist, Maßnahmen gegen die gegnerische Mannschaft herauszuholen, Freistöße, Verwarnungen, Feldverweise.

Der Stürmer als Charakter ist mir persönlich das größte Rätsel des Fußballs, so wie für die Spieler wahrscheinlich der Schiedsrichter stets das größte Rätsel bleiben wird. So oft höre ich, wenn ich nach Abpfiff beim Bier mit meinem Betreuer oder einem Vereinsvorsitzenden das Spiel bespreche, den Satz: »Jaja, auf dem Platz ist der XY ganz schwierig, aber außerhalb ist das der liebste Kerl der Welt.« Es gibt Spieler, und zumeist sind es Stürmer, deren Einwechslung mit einem Schlag den Charakter eines bis dahin friedlichen Spiels umgehend verändert. Plötzlich ist Gift in der Sache, die Spieler stehen sich Nase an Nase gegenüber, die Verteidiger fordern gelbe Karten für Schwalben oder andere Unsportlichkeiten, der Stürmer fordert rote Karten für gezielte Tritte gegen sich. Es mag sogar sein, dass solche Spieler außerhalb des Platzes sehr nette Menschen sind, obwohl mir der Glaube daran schwerfällt. Ich werde es auch in derartigen Fällen niemals herausfinden, denn wer auf dem Platz nicht ein Mindestmaß an Benehmen zeigt, mit dem möchte ich auch im Anschluss daran nichts mehr zu tun haben. Muss ich ja auch nicht.

Der Stürmer tut also, was er tun muss. Nun gibt es zwei Möglichkeiten: Er ist der ausgebuffte Drecksack in gehobenem Alter, dann muss ich selbst ran. Oder er ist der junge

Shootingstar mit Undercut, der nach dem Torjubel noch mit beiden Händen ein Herz in die Luft formt. Da kann ich das Alphatier für mich arbeiten lassen. So ein im Nebeneinanderherlaufen hingeraunter Satz, »Mal so unter uns: Dem Neuner da vorne ist bald nicht mehr zu helfen, wenn er so weitermacht« oder »Der Neuner spielt aber nicht mehr lange mit«, kann Wunder wirken. Dann nimmt sich nämlich das Alphatier in der nächsten Spielunterbrechung das Stürmerbürschchen mal kurz zur Brust und erklärt ihm, dass der Einzige, der hier dem Schiedsrichter etwas entgegenzusetzen hat, er selbst sei. Und wenn dann noch immer keine Ruhe herrscht, habe ich natürlich auch beim Chef volle Rückendeckung für sämtliche Maßnahmen gegen seinen eigenen Mitspieler – er selbst hat's ihm ja schließlich auch noch einmal gesagt.

Die zweite zentrale Figur innerhalb einer Mannschaft, und zwar nicht nur, was das Machtgefüge betrifft, sondern vor allem, was den Spaß am Fußballspiel betrifft, ist der technisch versierte Spielantreiber, der die Bälle verteilt, die zündende Idee hat, den überraschenden Pass spielen kann, auch einmal zwei, drei Gegner stehen lassen kann und zur Not auch einmal den Ball aus 20 Metern in den Torwinkel schlenzt.

Dieser Spieler ist naturgemäß ein Jagdobjekt der gegnerischen Mannschaft. Er wird provoziert, gereizt oder auch demotiviert, mit einem schnellen kurzen Tritt auf den Fuß, sobald er den Ball weitergespielt hat, mit einem gezielten Schubser, auch dann, wenn er gerade gar nicht am Ball ist, oder mit der riskanten Grätsche, die aufgrund der technischen Fähigkeiten des Spielers glücklicherweise recht oft ins Leere läuft. Der Techniker muss in erster Linie, und das versteht sich von selbst, vom Schiedsrichter geschützt werden. Dafür sind wir da, dafür ist das Regelwerk da. Er muss aber auch, und da hilft kein Regelwerk, psychologisch betreut werden. Es ist die Aufgabe des Schiedsrichters, dafür zu sorgen, dass der Techniker nicht so lange gereizt wird, bis er selbst sich zu einer Revanche verleiten lässt, ein Nachtreten gegen den Gegenspieler nach dem fünften Foul gegen sich, ein Ellenbogenschlag ins Gesicht des Gegners, dessen Atem er schon wieder im Nacken spürt, bereits vor der Ballannahme.

Mit dem Techniker sprechen wir, anders als mit dem Alphatier, nicht in einem Tonfall des gleichberechtigten Verhandlungspartners, nein, der Techniker will bewundert werden. Er wird von uns gebauchpinselt, solange es nur geht. Achten Sie einmal darauf, wenn ein erfahrener Schiedsrichter mit einem gefoulten Spieler spricht, der sich eben noch heftig beschwert hat über die ständigen Attacken gegen sich und dessen Aggressionen sich nun auch so langsam gegen den Schiedsrichter wenden, weil der ja vermeintlich nichts unternimmt. Schauen Sie, ob nach einer kurzen Ansprache sich nicht vielleicht ein zufriedenes Lächeln auf das Gesicht des Technikers legt und er dem Schiedsrichter den Daumen nach oben zeigt und nun ganz brav den Freistoß ausführt, natürlich elegant, wie es sich gehört, mit dem Außenrist.

In diesem Fall hat der Schiedsrichter die richtigen Worte gefunden: »Das sieht doch jeder hier sofort, dass du der beste Kicker auf dem Platz bist. Die können's halt nicht besser, als dich zu treten. Mach einfach so weiter, ich pass auf dich auf, dann klappt das.« So etwas macht den Mann ungemein glücklich: Selbst der Schiri hat also kapiert, dass er, der Techniker, der beste Mann auf dem Platz ist. Dann kann er ja nicht ganz so blind sein. Selbstverständlich können Sie im Gegenzug dann dem Verteidiger auch noch ganz nebenbei stecken, dass Ihnen das pfauenhafte Gehabe des Technikers auch auf die Nerven geht, dann ist der auch zufrieden. Und binnen kurzer Zeit haben Sie sich in jeder Mannschaft mindestens zwei Freunde gemacht. Wenn Sie diese Balance halten können, kann das Spiel tatsächlich wie am Schnürchen laufen.

Dazu machen Sie dann noch stets das richtige Gesicht, lächeln, gucken grimmig oder auch einmal entschuldigend, senden Signale nach außen, die auf die Zuschauer eine Wirkung haben, und wenn Sie dann einmal eine Entscheidung treffen, die vielleicht nicht so ganz astrein ist und daraufhin auf dem Platz Proteste aufkommen, dann raunt es vielleicht sogar einmal von draußen: »Lass den in Ruhe, des is en Gude.«

Wie gesagt, das ist das Muster eines idealen Spiels. Es ist nicht wie eine Schablone auf ein Spiel zu pressen. Und es kann auch nicht künstlich hergestellt werden. Es muss, auch wenn das ein wenig esoterisch klingt, von innen heraus kommen. Wenn ich auf dem Spielfeld lächele, dann in den seltensten Fällen, weil ich glaube, jetzt lächeln zu müssen, sondern weil ich lächeln will oder gar muss (die Ausnahme ist das Lächeln, mit dem man einem Spieler im Vorbeilaufen zu verstehen gibt, dass er nun endlich seine Fresse halten soll, aber das ist der absolute Notfall und sollte so nur selten eintreten). Und ich glaube, dass die Spieler das bemerken. Und das wiederum hat mit einer Gelassenheit zu tun, die sich aus der Erfahrung speist. Es passieren mir auf dem Fußballplatz auch heute, nach mehr als 25 Jahren Schiedsrichterei, noch immer Dinge, die mir zuvor noch nicht passiert sind. Es wäre auch schlimm, wenn es anders wäre. Aber ich gehe stets mit der Gewissheit auf den Platz, dass es keine Situation geben wird, der ich nicht gewachsen bin. Und das ist der Unterschied zu dem möglicherweise talentierten 20-jährigen Schiedsrichter. Irgendwann einmal rastete etwas ein, so fühlte es sich an, und ich fühlte mich auf eine schwebende Weise sicher. Nur wenn ich mich sicher fühle, bin ich auch berechenbar. Und Berechenbarkeit ist entscheidend für einen Schiedsrichter. Die Spieler müssen wissen und sich darauf einstellen können, was sie in welcher Situation erwartet.

Ein Schiedsrichter hat seine Hochleistungsphase, anders als die meisten Fußballspieler, zwischen seinem 35. und 45. Lebensjahr. Wenn die körperliche Fitness stimmt und der Schiedsrichter in der Lage ist, dem schnellen Spiel noch zu folgen, gibt es auch keinen Grund, ihn nicht noch länger pfeifen zu lassen. Er hat Erfahrung, er hat Persönlichkeit, er hat Reputation. Man schaue sich in der Bundesliga an, welche Schiedsrichter dort die besten und souveränsten sind – zumeist die, die kurz vor dem Karriereende stehen. Sie haben nichts mehr zu verlieren und sie sind anerkannt. Selbst die FIFA hat kürzlich die strikte Regelung, Schiedsrichter mit dem Erreichen der Altersgrenze von 45 Jahren von ihrer Liste zu streichen, revidiert und ein Weitermachen bei entsprechender körperlicher Leistungsfähigkeit möglich gemacht. Der Schiedsrichter als Mensch prägt das Spiel. Und umgekehrt.

Ich wäre ohne die Schiedsrichterei ein anderer Mensch. Es kann gar nicht anders sein. Wenn man mehr als die Hälfte seines Lebens ein zeitintensives Hobby betreibt, dessen selbstverständliche Bestandteile Stress und Konfrontation mit anderen Menschen sind, färbt das auf alle Lebensbereiche ab. Ich sprach von den negativen Auswirkungen, die das haben kann. Nun, wenn ich dem Glauben schenke, was vertrauenswürdige Personen in meinem Umfeld sagen, habe ich eventuell hin und wieder, also so ganz ab und zu, nicht allzu oft, aber doch in regelmäßigen Abständen, also manchmal, eine Tendenz dazu, zwischenmenschliche Konflikte auf eine einen Hauch zu autoritäre Art lösen zu wollen. Drücken wir es so aus. Anders gesagt: Von meiner Frau bekomme ich dann den Satz zu hören: »Du bist hier nicht auf dem Fußballplatz.« Dann muss ich lachen und sage: »Du hast recht.« Und denke: »Ja, leider.«

DIE ZWEITE HALBZEIT
Die und wir.
Von Trainern, Spielern und Fans

Der Mann steht unter ungeheurem Druck und er ist eingesperrt in ein schmales Rechteck, zwei Meter tief, acht Meter breit. Wie Rilkes Panther wandert er in diesem Rechteck auf und ab, er darf schreien, aber nicht zu viel, nicht zu laut und auch nicht immer das, was ihm gerade in den Sinn kommt. Er versucht, etwas zu ändern, aber er kommt nicht durch. Er ist ausgeliefert. Der Druck steigt wie in einem Heizkessel. Und dann ertönt ein absurder Pfiff, wie der Mann in seinem Rechteck findet, ein ungerechter Pfiff, nicht der erste heute, sondern vielleicht der dritte oder vierte. Es geht mit ihm durch, er vergisst sein Rechteck, er vergisst auch seine Vorbildfunktion; er stürmt nach vorne, mit verzerrtem Gesicht, drei, vier, fünf Meter, steht auf dem Spielfeld und gestikuliert und ruft.

Und dann kommt ausgerechnet derjenige, der Schuld hat, das Zielobjekt des geballten Ärgers, auf ihn zu und macht sich wichtig, muss zeigen, wer das Sagen hat, steht nun vor ihm und redet irgendetwas, macht dazu beschwichtigende

Gesten, deutet auf das Rechteck. So geht das nicht. Das muss man ihm auch mal sagen. Deutlich, so dass jeder es hört. Und daraufhin zeigt der Mann in Schwarz mit einer herrischen Geste in Richtung Tribüne, Innenraumverweis heißt das, weg aus dem Rechteck, weg vom Spielfeldrand, raus aus dem Bereich, in dem man Einfluss ausüben kann auf das Spiel. Der Machtkampf ist entschieden; und alles, was dem Mann auf dem Weg zu seinem Platz auf der Tribüne noch einfällt in seiner Hilflosigkeit, ist ein Wort, das noch rausmuss, und die Zuschauer um ihn herum lachen und klatschen Beifall, als er ruft: »Wichtigtuer!«

Ich gestehe offen, dass ich, obwohl ich selbst lange Fußball gespielt habe, Fußballer nie so ganz verstanden habe in dem, was sie tun und wollen und gut finden und wichtig finden, und in ihren Reaktionen auf dem Platz. Noch fremder allerdings sind für mich Trainer. Und sie sind mir immer fremder geworden. Es gab schon immer zwei Sorten von Trainern: den klassischen Fußballlehrer zum einen, den eher besonnenen Typ des Fußballtüftlers und Taktikers, von Weisweiler über Happel bis hin zu Figuren der Jetztzeit wie Armin Veh, Pep Guardiola oder Ralf Rangnick. Und, ganz am anderen Ende der Skala, den Motivator, das Rumpelstilzchen, die Lärmmaschine, den Werner Lorant, den Jürgen Klopp. Und die zahlreichen Zwischenstufen. Man denke nur an Ewald Lienen, einen mit Sicherheit hochintelligenten Mann mit einer ausgeprägten Fähigkeit zur Selbstreflexion, der, man erinnert sich noch an die Bilder, es tatsächlich fertigbrachte, wie ein tobsüchtiger Terrier neben dem Schiedsrichter hochzuspringen und diesem die rote Karte aus der Hand zu schlagen, die einer seiner Spieler soeben gesehen hatte.

Wenn wir über Trainer, Spieler und Schiedsrichter und deren Verhältnis zueinander nachdenken, müssen wir, um beide verstehen zu können, von einer unumstößlichen Tatsache ausgehen: Wir, die Schiedsrichter, und ihr, die Trainer und Spieler, leben und arbeiten in zwei komplett unterschiedlichen Subsystemen des großen Systems Fußball. Wir haben im Grunde wenig miteinander zu tun – außer unserer Sportart. Und das ist wiederum verdammt viel. Ein Paradox also: Wir üben denselben Sport auf vollkommen unterschiedliche Weise aus.

Andererseits aber ist das Verhältnis von Trainern, Spielern, Fans und Schiedsrichtern ein hochkomplexes Gebilde: Alle stehen oder sitzen nun einmal für eine bestimmte Zeit auf oder neben demselben Sportplatz. Sie agieren, kommunizieren. Und der eine gibt den eigenen Druck, unter dem er steht, an den jeweils anderen weiter. Nun sind Schiedsrichter auf den ersten Blick diejenigen, die das letzte Wort haben, weil sie die letztgültige Entscheidung treffen dürfen. Wenn es hart auf hart kommt, sind sie allerdings das schwächste Glied in der Kette. Schiedsrichter haben unter allen Beteiligten die kleinste Lobby, und in Extremfällen wird der Kampf auf dem Fußballplatz im Privatleben fortgeführt.

Ich kenne Kollegen, die nach einem Amateurspiel auf dem Heimweg von mehreren Autos verfolgt und bedrängt wurden, über viele Kilometer hinweg, bis sie endlich vor einer Polizeistation anhielten – da waren die Verfolger verschwunden. Ich weiß von anonymen Drohanrufen, von öffentlichen Bezichtigungen von Vereinen, der Herr sei ja eindeutig betrunken gewesen, der habe ja schon bei seiner Ankunft eine Fahne gehabt. Das alles ist sehr unschön, aber harmlos im Vergleich zu dem, was auf internationaler Ebene passieren kann.

Der Schwede Anders Frisk war Ende der 90er- und Anfang der Nullerjahre einer der besten Schiedsrichter der Welt. Sein Howard-Carpendale-haftes Äußeres (die blonde Fönfrisur, der immer einen Tick zu weit heruntergezogene Reißverschluss des Schiedsrichtertrikots) erschütterte seine Autorität nicht. Frisk hatte schlicht und einfach das Pech, gleich viermal innerhalb vergleichsweise kurzer Zeit das Opfer von Vorfällen geworden zu sein, die einem Schiedsrichter ansonsten in einem ganzen Leben nicht passieren.

Zuerst sprang ihm bei einem Spiel der ersten schwedischen Liga ein auf den Platz stürmender Zuschauer nach einer harmlosen Freistoßentscheidung mit ziemlicher Wucht in den Rücken. Die Szene kann man auf YouTube anschauen. Ich habe leider weder herausgefunden, in welchem Jahr genau das passierte, noch, wie es danach weiterging; die einzig korrekte Maßnahme wäre ein Spielabbruch gewesen. Im Februar 2002 leitete Frisk die Champions-League-Partie zwischen Galatasaray Istanbul und AS Rom. Die römischen Spieler zettelten auf dem Platz eine Schlägerei an, Frisk brach das Spiel ab.

Zwei Jahre später, wieder der AS Rom, dieses Mal in Rom: Frisk stellte vollkommen zu Recht kurz vor der Halbzeitpause einen römischen Spieler wegen Nachtretens vom Platz. Beim Gang in die Kabine wurde Frisk so unglücklich von einer Münze am Kopf getroffen, dass er eine große Platzwunde davontrug. Manche erinnern sich vielleicht noch an die Bilder von dem blutüberströmten blonden Mann im gelben Trikot, der, von seinen Assistenten gestützt, in den Katakomben des Olympiastadions in Rom verschwindet. Auch dieses Spiel wurde selbstverständlich abgebrochen.

Im März 2005 schließlich hatte Frisk eine folgenschwere Begegnung mit dem wohl intelligentesten und zugleich bösartigsten, also mit dem gefährlichsten Mann des internationalen Fußballs. Nein, nicht Sepp Blatter. Frisk leitete das Champions-League-Spiel zwischen dem FC Chelsea und dem FC Barcelona. Der Trainer des FC Chelsea hieß seinerzeit José Mourinho. Chelsea verlor mit 1:2. Und Mourinho zog daraufhin, ohne Rücksicht auf Verluste, eine spektakuläre Show ab, entwickelte Verschwörungstheorien, verbot seinen Spielern den Kontakt mit der Presse. Die Entscheidungen von Schiedsrichter Frisk waren an diesem Abend nach dem Urteil aller Experten vollkommen in Ordnung. Aber Mourinhos Kampagne aktivierte die Fanatiker. Frisk und seine Familie wurden mit Morddrohungen bedacht und mussten für einige Zeit abtauchen. Frisk beendete umgehend seine Schiedsrichterlaufbahn; Mourinho dagegen ist bis heute einer der begehrtesten Trainer der Welt.

Bis vor wenigen Jahren habe ich noch nicht einmal bemerkt, ob ich gerade ein, nach den Koordinaten von Zuschauern und Medien, gutes oder schlechtes Spiel gepfiffen habe. Das hat sich mittlerweile geändert, mittlerweile bemerke ich gekonnte Angriffe, saubere Spielzüge, elegante Ballannahmen. Ich merke, ob ich ein spannendes oder langweiliges Spiel pfeife. Aber das sind in der Tat alles Nebeneffekte. In erster Linie geht es nicht um gut oder schlecht, sondern um schnell oder langsam, um aggressiv oder behäbig, um geordnet und diszipliniert oder unübersichtlich, um berechenbar in Bezug auf die eigenen Laufwege oder chaotisch.

Ich bin Fußballfan. Anders geht es nicht. Ich schaue mir Fußball an, so oft, wie ich kann. Ich schaue lieber Fußball in der Verbandsliga als in der Regionalliga; ich gucke lieber Bundesliga als Champions League, aber das ist Geschmackssache. Aber prinzipiell gucke ich alles, was mir über den Weg läuft. Und ich habe einen Lieblingsverein, Eintracht

Frankfurt. Ich gebe allerdings zu, dass ich ein wenig auf Distanz gegangen bin, eher unwillkürlich, reflexartig, als Friedhelm Funkel Trainer von Eintracht Frankfurt war, ein Mann, der, wie es mir scheint, voller Verachtung auf die Arbeit der Schiedsrichter blickt, der uns Schiedsrichter nicht als konstitutives Element, sondern als Störfaktor betrachtet. Als Funkel Trainer in Frankfurt war, wurden die Auswechselbänke getauscht: Die Bank der Eintracht war fortan die hinter dem Schiedsrichterassistenten, der von Funkel 90 Minuten lang mit Kommentaren, Reklamationen und Jammereien weichgekocht wurde.

Ich verstehe Trainer nicht, und ich verstehe die Vorlieben oder Abneigungen von Fans gegenüber bestimmten Trainern nicht. Dafür bin ich zu sehr Schiedsrichter. Nehmen wir die Figur Jürgen Klopp, weil sie so medienwirksam ist und so viel Aufmerksamkeit auf sich zieht. Ich habe Klopp in seinen frühen Jahren persönlich kennengelernt; er wird sich daran selbstverständlich nicht erinnern. Er war ein freundlicher Mensch mit gutem Humor und grundsätzlich vorbildlichem Verhalten auf dem Platz, wenn auch mit einer Tendenz zu cholerischen Ausbrüchen. Und heute?

Es gibt ein Lied der Band »Die Sterne«, da heißt es: »Was ist bloß los, was ist passiert, was hat dich bloß so ruiniert?« Was also ist passiert mit diesem freundlichen, witzigen Jürgen Klopp, dass er 90 Minuten lang mit grimmigem Gesicht an der Seitenlinie herumtobt und sich anschließend, im Fall eines Sieges, mit unverändertem Gesicht und einer Art Orang-Utang-Geste vor der Dortmunder Fantribüne auf die linke Brustseite schlägt oder, im Fall einer Niederlage, mit noch böserem Gesicht irgendein Reporter-Opfer, das sich nicht wehren kann und darf, für dessen Fragen öffentlich zur Sau macht?

Ich habe das Gefühl, dass das damit zu tun hat, dass die Rolle und das Berufsbild des Trainers sich grundlegend verändert haben. Trainer sind zum großen Teil keine Fußballintellektuellen mehr, sondern Anzünder, Brennstoff, Motivatoren, die ihr Feuer an die Mannschaft, an das Umfeld, an das Publikum weitergeben. Die künstliche Emotionalisierung des Fußballs, angetrieben von den Medien, die emotionale Geschichten brauchen, sorgt dafür, dass die Haltbarkeitsdaten der Trainer immer rascher ablaufen. Die erreichen die Mannschaft nicht mehr, heißt es dann. Was im Grunde bedeutet, dass er sein Arsenal an Motivationssprüchen und symbolischen Aktionen ausgeschöpft hat. Dann kommt eben der Nächste dran.

Und für den Amateurfußball gilt grundsätzlich: Alles, was die da oben vormachen, kommt ganz schnell unten an, alles. Was ich am Samstag in der Sportschau sehe, kann ich mir fast immer am Sonntag auf dem Dorfsportplatz anschauen, und man kann sicher sein: Kicken können sie in der Kreisliga schlechter als in der Bundesliga. Das Drumherum haben sie aber perfektioniert. Und in den seltensten Fällen gefällt es mir. Ein Beispiel ist der Torjubel. Ich will nicht permanent die guten, alten Zeiten beschwören, die gab es ohnehin nicht, aber schauen wir uns doch mal an, wie beispielsweise ein Gerd Müller sein entscheidendes Tor beim Weltmeisterschaftsendspiel 1974 bejubelt hat, ein Treffer immerhin, der ihn und sein Land zum Weltmeister gemacht hat.

Müller läuft unkoordiniert über das Feld, lacht, reckt die Arme zum Himmel, hüpft ein paarmal hoch, dreht in der Luft eine ungelenke halbe Pirouette und wird dann von seinen Mitspielern beglückwünscht. Wie gesagt: Fußballspieler sind mir in ihrem Sein und Tun häufig fremd, besonders befremdlich allerdings finde ich die Art und Weise, wie heute gejubelt wird: In letzter Zeit habe ich oft den Eindruck, die freuen sich gar nicht. Da schießt einer ein Tor und steht da, mit bösem, aggressivem Gesicht, ballt die Fäuste, und wenn seine Mitspieler kommen, um mit ihm zu feiern, macht er sich starr, lässt sich zu Boden reißen, all das wirkt so ungeheuer brutal, als müsste da etwas raus, das ich weder benennen kann, und von dem ich nicht ahne, woher es kommt. Da sind mir die lachend über den Platz laufenden und mit ihren beiden Händen alberne Herzchen für die Freundin formenden Spieler durchaus lieber.

Der Torjubel ist, freundlich gesagt, zu einer Kunstform geworden, unfreundlich ausgedrückt ist der Torjubel Teil der großen narzisstischen Selbstvermarktung der Fußballspieler. Ich bin überzeugt davon, die treffen sich nach dem Training noch einmal auf eine halbe Stunde und üben Torjubel-Choreographien. Wie sonst wäre es zu erklären, dass sich in der Kreisliga nach einem Torerfolg die gesamte Truppe in einer Reihe aufstellt und einer dann eine Bewegung macht, als würde er eine Bowlingkugel werfen, woraufhin die Reihe sauber koordiniert hintereinander umfällt. Wenn sie so viel Körperbeherrschung auch in der Ausübung ihrer eigentlichen Sportart hätten, wäre das Niveau auf den Plätzen deutlich höher.

Ich verstehe auch nicht diesen Drang, nach einem Tor sein Trikot auszuziehen. Jetzt sagt mir ein Spieler: »Das verstehst du nicht. Du verstehst nicht, was da in einem abgeht. Da zerreißt es einen fast. Das muss raus. Du hast eben noch kein Tor geschossen in deinem Leben.« Erstens: Stimmt nicht. Es müsste im Herbst 1982 gewesen sein, als ich im E-Jugend-Spiel meines Vereins SV Nauheim 07 gegen die Sportfreunde Bischofsheim beim Stand von 7:0 für meine Mannschaft kurz mein Tor verlassen durfte und einen verzweifelten Schuss auf das gegnerische Tor abfeuerte, den mein Torhüter-Kollege freundlicherweise durch die Beine zum 8:0 passieren ließ. Ich weiß also sehr wohl, wie es sich anfühlt, ein Tor zu schießen. Soweit ich mich erinnere, hatte ich nicht den Drang, mich meines Trikots zu entledigen. Niemand muss sein Trikot ausziehen, nur weil er ein Tor geschossen hat. Es ist total albern und unnötig. Und deswegen halte ich die zwingend vorgeschriebene gelbe Karte, die es dafür gibt, für absolut angebracht. Es ist im Übrigen die dankbarste gelbe Karte, die ein Schiedsrichter überhaupt verteilen kann: Der Spieler freut sich noch über sein Tor und weiß, was ihn erwartet; der Schiedsrichter weiß, dass jedem auf dem und um den Platz herum klar ist, was nun kommen wird, macht eine entschuldigende Geste, zeigt ein freundliches Lächeln, bekommt vom Torschützen den hochgereckten Daumen oder einen Klaps auf die Schulter, weiter geht es mit Anstoß. Eine so saubere wie insgesamt komplett überflüssige Sache.

Nicht mehr ganz neu, aber eindeutig in den Bereich des Aggressivjubelns einzuordnen ist der Tritt gegen die Eckfahne nach einem Torerfolg, am besten noch garniert durch einen lauten Schrei, »Ja, Mann!« oder Ähnliches. Kürzlich erzielte in einem Verbandsligaspiel ein Spieler in der 90. Minute das 0:1. Er rannte zur Eckfahne, trat dagegen – und das Ding flog ihm um die Ohren, indem es in winzige Einzelteile zersplitterte. Das sorgte für Aufruhr unter den Zuschauern und beim Heimverein, dessen Eigentum ja nun beschädigt war. Es gab die gelbe Karte, vor allem aber brauchten wir Ersatz. Es dauerte sieben Minuten, bis eine neue Eckfahne herbeigeschafft und installiert war. Als die endlich stand, führte die Heimmannschaft den Anstoß aus, spielte den Ball auf den Flügel, Flanke in die Mitte, Kopfball, Tor, Abpfiff.

Ich konnte mich gerade noch beherrschen, am Eckfahnenumtreter vorbeizulaufen und ihm ein triumphierendes »Ja, Mann!« hinterherzurufen.

Zu den Ritualen der Spieler gehört es seit einigen Jahren auch, in der Umkleidekabine eine tragbare, kleine, aber deswegen nicht weniger lärmige Stereoanlage zu installieren. Während des Umziehens bis kurz vor Spielbeginn höre ich mittlerweile beinahe gewohnheitsmäßig die abscheulichste auf vollen Pegel hochgedrehte Prollmusik. In der Halbzeitpause brüllt dann der Trainer, in der gleichen Lautstärke. Kein Wunder, dass Mannschaften manchmal derart angestochen auf den Platz kommen, als hätte man sie kurz zuvor noch mit dem Brandeisen behandelt. Im Übrigen habe ich festgestellt, dass auch jüngere Schiedsrichterkollegen vor dem Spiel in der Umkleidekabine den Ghettoblaster auspacken. Da wird es für mich dann endgültig bizarr. Man macht das doch nicht, um noch ein bisschen gute Musik vor dem Spiel zu hören, sondern man will doch irgendetwas erreichen. Zu den wichtigsten Eigenschaften eines Schiedsrichters gehören aber seine Ruhe, seine innere Ausgeglichenheit, seine Gelassenheit. Wie soll man die behalten und bewahren, wenn man sich unmittelbar vor Spielbeginn derartig hochputscht?

Und noch eines: Ich bin fest überzeugt davon, dass es irgendeinen Versandhandel gibt, der die CD mit den bescheuertsten Sauf- und Grölliedern vertreibt, und zwar mit Vereins- und Mengenrabatt. Anders kann ich es mir nicht erklären, dass auch nach dem Spiel in der Kabine der siegreichen Mannschaft mittlerweile eine Art von Ballermann-Atmosphäre herrscht: »Wir müssen aufhören weniger zu trinken«, schallt es da durch den Raum und über das Belüftungssystem im ungünstigsten Fall auch direkt in meine Schiedsrichterkabine, und das sind die Momente, in denen ich denke: »Herr, es ist Zeit ...« Oder auch ganz einfach: »Vielleicht bist du alt genug zum Aufhören.«

Trainer und Spieler leben und arbeiten also in ihrem jeweils eigenen Paralleluniversum. Wie wir Schiedsrichter auch. Wahrscheinlich ist ein Schiedsrichter in seiner Motivationslage für einen Spieler noch fremder als umgekehrt. Spieler halten, das stelle ich immer wieder fest, im Zweifelsfall zusammen, wenn es um eine Wahrnehmung des Schiedsrichters geht. Selbst dann, wenn die Spieler unterschiedlichen Vereinen angehören. Das wurde mir vor einigen Jahren höchst anschaulich vor Augen geführt.

Ich war als Assistent in einem Hessenligaspiel an der Seitenlinie. Die klassische Konstellation, Underdog gegen Meisterschaftsfavorit, aufgeweichter Boden, Kampf. Die Heimmannschaft hielt das Spiel lange offen, mit allen Mitteln; die Atmosphäre war, auch unter den Zuschauern, aufgeheizt bis bösartig. Besonders ein Spielerpaar kam sich immer wieder in die Quere, kleine Foulspiele, Wortgefechte, Provokationen. Und irgendwann muss, abseits des Geschehens, der eine den anderen Spieler angespuckt haben.

Weder der Schiedsrichter noch ich noch der Assistent auf der anderen Seite hatten das bemerkt, nur der Schiedsrichterbeobachter, der aber seinerzeit, im Gegensatz zu heute, noch nicht als Zeuge vor dem Sportgericht auftreten durfte. Man merkte, dass da noch etwas kommen würde, der bespuckte Spieler war in Rage. Kurz darauf war das Spiel zu Ende, ich behielt ihn im Auge. Er ging schnell, zielgerichtet und ohne zu zögern auf seinen Gegenspieler zu und streckte ihn mit einem Faustschlag zu Boden. Tumult, Geschubse, Aufregung. Es dauerte einige Minuten, bis wir in die Kabine kamen; die Zuschauer waren aufgebracht. Auch eine rote Karte nach Spielschluss war damals noch nicht möglich. Ich berichtete dem Schiedsrichter also, was ich gesehen hatte; der fertigte einen Sonderbericht an; der Spieler wurde für acht Wochen gesperrt.

Sein Verein legte Widerspruch gegen die Sperre ein, es kam zu einer Sportgerichtsverhandlung. Und dort erlebte ich ein bemerkenswertes Schauspiel: Der bespuckte Spieler, der anschließend zugeschlagen hatte, reiste bereits mit gepackter Sporttasche an. Es war Samstag, 10 Uhr, um 15 Uhr hatte seine Mannschaft das nächste Spiel; er ging also ganz offensichtlich davon aus, dass er freigesprochen werden würde.

Sportrichter: Sind Sie während des Spiels von Herrn X angespuckt worden?

Spieler: Also, ich hatte im Spiel das Gefühl, dass er mich möglicherweise angespuckt haben könnte, aber so im Nachhinein könnte es auch sein, dass da einfach bei einem Wortwechsel ein paar Speicheltröpfchen, also so aus Versehen ...

Ich traute meinen Ohren nicht.

Auftritt Spieler X, der Spucker, der anschließend per Faustschlag vor meinen Augen zu Boden geschickt wurde.

Sportrichter: Haben Sie Ihren Gegenspieler angespuckt?

X: Nein, niemals.

Sportrichter: Sind Sie nach dem Spiel geschlagen worden?

X: Nein, bin ich nicht.

Sportrichter: Dann behaupten Sie also, der Zeuge Schröder ist entweder bescheuert oder ein Lügner?

X: Dazu kann ich mich nicht äußern.

Es blieb bei acht Wochen Sperre. Denn vor dem Sportgericht ist es wie vor einem ordentlichen Gericht: Bei widersprüchlichen Aussagen gilt das Wort des Polizisten beziehungsweise des Schiedsrichters, falls dieser einen einigermaßen glaubwürdigen Eindruck macht, mehr als das anderer Zeugen. Zu Recht, wie ich in diesem Fall sagen muss. Der gesperrte Spieler mit Sporttasche war wütend. Er zischte mir im Hinausgehen noch etwas zu. Das Spiel war Ende Oktober. Wenn mich nicht alles täuscht, spielten der Spucker und der Schläger in der darauffolgenden Saison in einer Mannschaft. So läuft das. So kann das immer passieren. Und auf den Schiedsrichter als Deppen kann man sich eben schnell und bequem einigen.

Das gilt selbstverständlich in einem noch größeren Maße für die Fußballfans und Zuschauer. Aber das gehört dazu. Und es macht mir nichts aus. Wie gesagt: Auch ich bin Fan. Aber ich schaue Fußball automatisch anders an. Nicht weniger leidenschaftlich, so glaube ich, aber doch mit einer gewissen Distanz. Ich bin mehr als die Hälfte meines Lebens Schiedsrichter gewesen; wie also sollte ich mir ein Fußballspiel auch als Zuschauer und Fan anders angucken können als als Schiedsrichter? Fällt ein Tor, schaue ich automatisch immer zuerst nach draußen zum Assistenten. Wenn ich in der Kneipe sitze und um mich herum noch gejubelt wird, sitze ich schon wieder ruhig auf meinem Stuhl, bis auch alle anderen merken, dass das Tor nicht gezählt hat, weil der Assistent auf Abseits entschieden hat.

Ich bin ein gespaltener Fußballkonsument. Sitze ich im Stadion und es fällt eine kritische Entscheidung gegen meinen Verein, ärgere ich mich, das kann passieren. Aber eben erst in zweiter Linie. In erster Linie bin ich immer in Gedanken in der Schiedsrichterrolle: Eine kritische Situation erzeugt neue kritische Situationen: Wie geht er damit um? Wie reagiert er? Was macht er mit dem protestierenden Trainer? Selbstverständlich gibt es in der Bundesliga Schiedsrichter, die mir näher sind als andere, deren Stil, Auftreten, Ausstrahlung und Regelauslegung mir besser gefallen als die von anderen. Aber prinzipiell leide ich bei Spielen von Eintracht Frankfurt doppelt: mit meiner Mannschaft und mit dem Schiedsrichter, und zwar mit jedem.

Im Gegensatz zu den eingefleischten Fußballfans, die im Block stehen und »Fußballmafia DFB« schreien, bin ich, trotz Robert Hoyzer, der festen Überzeugung, dass kein Schiedsrichter bewusst eine Mannschaft bevorzugt oder benachteiligt. Das hat mich schon in Situationen gebracht, die mich überrascht haben. Es gibt zwei Bundesligaschiedsrichter, die die Fans von Eintracht Frankfurt als ihre Hassobjekte ausgemacht haben. Kürzlich unterhielt ich mich mit einem ruhigen, vernünftigen Mann, einem flüchtigen Bekannten, der in der Fanszene engagiert ist. Als ich, leicht spöttisch, meine Ansicht äußerte, dass diese Verschwörungstheorien bezüglich der Schiedsrichter Y und Z ja vollkommen absurd seien, wurde dieser Mann plötzlich höchst aggressiv. Er fragte mich leicht drohend, ob das mein Ernst sei. Und da war sie plötzlich wieder, die umgedrehte Perspektive: So wie ich den Gedanken einer absichtlichen Benachteiligung für absurd und nahezu abstrus halte, ist für jenen Mann der Gedanke, jemand könne glauben, Schiedsrichter würden nicht ganz bewusst gegen bestimmte Vereine pfeifen, geradezu eine Provokation.

Ich habe das vor kurzem noch einmal erlebt; es war mir so nicht bewusst, aber die Einsicht ist doch recht erschütternd: Der Bundesligafan glaubt nicht, was schon schlimm genug wäre, dass Schiedsrichter prinzipiell erst einmal inkompetente Wichtigtuer sind. Er glaubt vielmehr, dass sie korrupte und fremdgesteuerte Marionetten sind. Das sind Positionen, die nicht vereinbar sind. Der Fußball erzeugt Mythen. Fans brauchen Mythen. Noch kein Zeitalter der Aufklärung hat Mythen überflüssig gemacht. Der angebliche Bayernbonus in der Bundesliga, auch der ist kompletter Unsinn, aber auch die öffentliche Bayernbonusleugnung bringt aggressive Reaktionen hervor. In dieses Feld der Mythen gehört auch die sogenannte »Wahre Tabelle«. Die Wahre Tabelle, so heißt es auf der Website, »ist ein Fußball-Portal, das Schiedsrichter-Entscheidungen analysiert. Die Tabelle der Fußball-Bundesliga wird um Szenen, die in direktem Zusammenhang mit Toren stehen, korrigiert und als Wahre Tabelle ausgegeben.«

Das ist zunächst einmal ein interessanter Ansatz. Die Community der Website stellt kritische Szenen in das Forum eines jeweiligen Bundesligaspiels, dann wird über die Richtigkeit einer Entscheidung abgestimmt und bei einem Mehrheitsvotum dementsprechend die Tabelle verändert. Das hat einen gewissen spielerischen Reiz, aber nur einen geringen Erkenntniswert, aus mehreren Gründen. Erstens: Es sind, und das soll nicht überheblich klingen, zumeist Laien, die über die Schiedsrichterentscheidungen urteilen. Zweitens: Es gibt in der Bundesliga sehr selten einmal eine klar falsche Entscheidung, die meisten Situationen bewegen sich im Grenzbereich und sind auch nach der vierten Zeitlupe aus der dritten Perspektive nicht eindeutig aufzuklären.

Drittens, und das ist der Haupteinwand: Die Wahre Tabelle ignoriert die Dynamik, die ein Fußballspiel entwickeln kann. Wenn ein Spiel 0:0 ausgegangen ist und die Community der Ansicht ist, eine Mannschaft hätte in der zwölften Spielminute einen Strafstoß bekommen müssen, dann wertet die Wahre Tabelle das Spiel mit 1:0, eben durch das Strafstoßtor. Wer sagt aber, dass der Strafstoß im Tor gewesen wäre, wenn er denn gepfiffen worden wäre? Und könnte es nicht sein, dass die zurückliegende Mannschaft nach dem Strafstoß aufgedreht und das Spiel mit 7:1 für sich entschieden hätte? Hätte es, wenn es den Strafstoß gegeben hätte, nicht auch noch zusätzlich Rot geben müssen? Und wie hätte sich das auf den weiteren Spielverlauf ausgewirkt? Man kann Gedankenspiele dieser Sorte ewig weitertreiben. Das »Was wäre, wenn …« macht schließlich auch den Reiz der Wahren Tabelle aus. Sie tröstet Fans über zerplatzte Träume hinweg, sie sorgt für einen Ausgleich im Gerechtigkeitsempfinden. Als analytisches Instrument, als das sie immer wieder herangezogen wird, sozusagen als Gegenbeweis des Satzes »Über die Saison hinweg gleicht sich alles wieder aus«, taugt sie nicht.

Trainer sind seltsame, fremde Wesen. Spieler ebenfalls. Fans sind Fans und deswegen nur bedingt zurechnungsfähig. Und wir Schiedsrichter? Wir sind selbstverständlich die Beklopptesten von allen. Wir sind eine geschlossene Gruppe, unangreifbar. Nicht umsonst haben wir uns früher und bis vor nicht allzu langer Zeit noch mit »Schiedsrichterkamerad« angeredet (das stirbt langsam aus, wir benutzen das Wort hin und wieder halbironisch). Aber abseits aller Ironie verbindet uns Schiedsrichter etwas, was wir allen anderen voraushaben: Wir sind die Guten. Wir sind als kleine Gruppe dem Druck einer sehr großen Gruppe ausgesetzt, der uns, unabhängig von unserer Individualität und Persönlichkeitsstruktur, zusammenschweißt. Wir erleben gemeinsam Dinge, die sonst niemand erlebt.

Bis vor einigen Jahren noch gab es in den höheren Amateurklassen feste Schiedsrichtergespanne, das heißt, über Jahre, wenn nicht gar Jahrzehnte hinweg fuhren dieselben drei Menschen mindestens jedes zweite Wochenende auf irgendwelche Sportplätze, ließen sich anschreien und beschimpfen, aßen zusammen zu Abend oder versackten gemeinsam nach dem Spiel in einer Kneipe oder sonst irgendwo. Es gibt ältere, ja Schiedsrichterkameraden, die als Gespann gemeinsam in den Urlaub fahren, noch Jahre nachdem sie ihre Laufbahn beendet haben. Manche nehmen ihre Frauen mit, andere nicht. Der Begriff der Spielerfrau ist ja mittlerweile gängig; ich plädiere unbedingt für die Akzeptanz des Standes der Schiedsrichterfrau; das ist die, die sonntags immer Zeit hat, weil der Mann unterwegs ist auf Sportplätzen, und oft auch noch samstags, die aber nicht auf der Tribüne sitzt oder in der *Gala* abgelichtet ist.

Die eindrücklichsten Erinnerungen an Schiedsrichtereinsätze sind, abgesehen von Spielen, in denen es wirklich hart auf hart ging, jene, die in Verbindung stehen mit kuriosen Ereignissen im Team. Aus Persönlichkeitsschutzgründen schweige ich mich darüber aus. Obwohl. Eine Geschichte kann man ja mal erzählen.

Ein Sonntag, ich bin angesetzt für ein Spiel im Raum Kassel, mehr als 200 Kilometer einfache Fahrtstrecke, Spielbeginn 14.30 Uhr, also Abfahrt um kurz nach zehn. Man muss ja potentielle Staus mit einplanen. Mit einem der beiden Assistenten, den ich seit vielen Jahren kannte, stimmte etwas nicht. Das merkte man. Zu allem Überfluss war er auch noch der Fahrer. Wie sich herausstellte, war die Fahrt nach Kassel nicht seine erste Fahrt heute. Er hatte eine Frau kennengelernt. Am Bodensee. Bei der war er die Nacht zuvor gewesen. Große Liebe. Um fünf Uhr morgens hatte er sich dann ins Auto gesetzt, war nach Hause nach Groß-Gerau gefahren, 350 Kilometer, kein Schlaf, keine Ruhepause, hatte sich geduscht, umgezogen, die Tasche gepackt und dann weiter zum Treffpunkt. So sah er aus. So winkte er auch.

Er verwechselte bei der Ausanzeige die Richtung. Er verwechselte Eckstöße und Abstöße. Und als Höhepunkt zeigte er bei einem Rückpass eines Verteidigers zu seinem Torhüter eine Abseitsposition an. Alles innerhalb von 45 Minuten. Hinter ihm stand der Schiedsrichterbeobachter, der kam aus dem Aufschreiben der Fehlentscheidungen gar nicht mehr heraus. Ich bin kein aufbrausender Mensch. Behaupte ich. Aber in der Halbzeitpause in der Kabine wurde ich laut. Ich schrie meinen Assistenten an, den ich nun wirklich seit vielen Jahren kannte und schätzte, dass er sich endlich mal zusammenreißen solle und ich ihm ansonsten in den Arsch treten würde. Das wirkte. So etwas hatte er noch nie gehört. Die zweite Halbzeit winkte er tadellos. Damit hätte sein Tag glücklich zu Ende gehen können. Aber es kam anders.

Es ist eine alte Gewohnheit von uns, an einer bestimmten Raststätte südlich von Kassel einen Jägermeister zu trinken, wann immer wir dort vorbeikommen. So auch an diesem Tag. Mein Kamerad und Assistent trug, das war damals modern, eine Cargohose mit großen Taschen in der Höhe des Oberschenkels. Wir hielten also an. Tranken jeder ein kleines Fläschchen Jägermeister. Warfen die Flaschen in den Müll. Stiegen ein und fuhren weiter. Etwa zehn Minuten später wurde die Sehnsucht nach der Bodenseeliebe groß. Mein ohnehin schon neben der Spur laufender Assistent wollte seine Freundin noch einmal anrufen. Er griff in die Tasche seiner Cargohose, holte etwas heraus und schaute ungläubig. Ich werde das Gesicht nie vergessen. Es war die leere Jägermeisterflasche. Und so langsam er an diesem Tag sonst auch gewesen war, es war ihm sofort klar, was das bedeutete: Sein Mobiltelefon lag nun im Mülleimer an der Raststätte.

Also runter von der Autobahn, zurück in die Gegenrichtung bis zur Ausfahrt nach der Raststätte, wieder zurück in die Gegenrichtung auf den Parkplatz, wo unser Freund mit Hilfe einer Taschenlampe die Abfalleimer durchwühlte, während sein Kollege und ich im Auto gar nicht mehr aufhören konnten zu lachen. Er hat sein Mobiltelefon wiedergefunden. Er hat sie angerufen. Acht Jahre ist das mittlerweile her. Die Frau vom Bodensee ist heute seine Frau. Eine Schiedsrichterfrau. Darauf einen Jägermeister.

SPIELANALYSE
Auf und ab. Über das Beobachten und Beobachtetwerden

In meinem Rücken tut es einen Schlag. Es ist eigentlich kein richtiger Schlag, eher ein dumpfes Geräusch, kein Klatschen, keine Hand, die in einem Gesicht landet. Es ist ein charakteristisches Geräusch, und ich weiß sofort, was nun folgen wird: Draußen, auf den Trainerbänken und unter den Zuschauern, erhebt sich lautes Geschrei, Gebrüll, es wird mit den Händen gefuchtelt. Den Zuschauern fliegen beim Schreien kleine Speicheltröpfchen aus dem Mund oder Bratwurstbröckchen, falls sie gerade kauen. Ich höre also das Geräusch, drehe mich um und sehe einen Spieler in einem gelben Trikot, der sich am Boden wälzt und sich das Gesicht hält (eine Faustregel: ganz gleich, wo oder ob sie überhaupt getroffen wurden, sie halten sich immer auch das Gesicht). Und ich sehe einen Spieler im blauen Trikot, der sich von dem am Boden liegenden Spieler wegbewegt. Ich habe das Geräusch gehört. Ich höre die Zuschauer schreien. Ich weiß, dass dort etwas geschehen ist. Ich habe keine neutralen Assistenten an den Seitenlinien, ich bin allein, ich habe nichts gesehen, im Gegensatz zu fast allen anderen Menschen auf dem Sportplatz. Ich kann nichts unternehmen. Ich weiß genau, was geschehen ist, ein Schlag im Vorbeilaufen, ein Tritt in die Beine, ein Ellenbogen, der gegen ein Brustbein schlägt, aber ich habe es nicht wahrgenommen, nicht mit meinen eigenen Augen. Und es ist eine der Grundlagen des Schiedsrichtertums, dass der Unparteiische nur ahnden kann, was er selbst (oder einer seiner Assistenten) mit eigenen Augen gesehen hat.

Es ist das zweite Mal, dass mir das an diesem Tag passiert. Ich habe das Spiel verloren. Es ist mir aus dem Ruder gelaufen. Was jetzt kommt, kann nur noch fürchterlich werden. Und es wird fürchterlich. Und es wird Konsequenzen haben für das, was man heute »Karriereplanung« nennt. Der Tag ist kalt, dunkel und böse. Das bemerke ich schon beim Aufstehen. Am Abend zuvor hatte ich David Finchers *Sieben* im Kino gesehen, keine unbedingt stimmungserhellende Angelegenheit. Meine Träume waren schlecht, und zu vielem anderen hätte ich an diesem Dezembervormittag Lust gehabt, als mich in mein Auto zu setzen und nach Mittelhessen zu fahren, nach Allendorf, um ein Fußballspiel zu pfeifen. Ich bemerke zumeist schon vor einem Spiel, ob alles glattlaufen wird oder nicht. An diesem Tag war von Beginn an klar, dass nichts gutgehen würde.

Der Sportplatz lag ein wenig außerhalb des Ortes, der in meinem Verständnis ohnehin schon weit außerhalb von allem lag, ein zugiges Gelände in Feldrandlage, über das der kalte Wind pfiff, nebenan eine Sporthalle, in deren Kabinen man sich umziehen und von der aus man dann ein paar Schritte hinüber zum Sportplatz laufen musste. Der Empfang war nicht freundlich, auch nicht dezidiert unfreundlich, man interessierte sich kaum für mich. So etwas gibt es, das macht nichts, aber ich hatte schlecht geschlafen und befürchtete das Schlimmste, und zwar, wie sich herausstellen sollte, zu Recht. Schon die Tabellenkonstellation war gefährlich und undankbar: Der Heimverein, ein Aufsteiger, steckte tief im Abstiegsstrudel, die Gastmannschaft war souveräner Tabellenführer. Kaum war ich angekommen, begann ein Psychokrieg, den ich heute, knapp 20 Jahre später, mit einigen energischen Ansagen umgehend beenden würde, damals allerdings fehlten mir Persönlichkeit, Mut und das nötige Durchsetzungsvermögen.

In Allendorf also zeigte mir der Mann, der mich begrüßte und mich in meine Kabine brachte, den Platz, auf dem gespielt werden sollte: nicht auf dem Hauptplatz, einem Rasenplatz, sondern auf dem Ausweich-Nebenplatz, einem engen Rotasche-Hartplatz-Geläuf ohne größere Absperrungen für die Zuschauer. Es erschien mir durchaus plausibel, dass der Hauptplatz nicht bespielbar sein sollte, schließlich war Dezember, und die Gemeinden, denen die Sportplätze zumeist gehören, sind mit einer Platzsperre schnell bei der Hand, um sich spätere Instandsetzungskosten zu sparen. Und natürlich war der kleine Platz auch ein taktischer Vorteil für die technisch mit Sicherheit weit unterlegene Heimmannschaft.

Der Platz war genau zur Hälfte abgestreut, auf der linken Seite waren Torräume, Seitenlinien und Strafstoßpunkt deutlich markiert, in der anderen Hälfte kaum noch erkennbar. Ich bat darum, den Platz komplett abzustreuen, beim Warmlaufen würde ich dann die Linien kontrollieren. Ich ging in die Gästekabine, teilte der (mürrischen und ob der Umstände schlechtgelaunten) Gastmannschaft mit, dass auf dem Nebenplatz gespielt werden würde, und ging in meine Kabine. Zwei Minuten später klopfte es an der Tür: Der Vertreter des Heimvereins eröffnete mir, der Rasenplatz sei nun doch freigegeben worden, man könne darauf spielen, die Gastmannschaft wisse Bescheid. Ich ging also erneut nach draußen, in den kalten Wind, schritt den einwandfrei bespielbaren und bestens präparierten Rasenplatz ab, ging zurück in meine Kabine, zog mich um, lief mich warm, auf dem Rasenplatz, gemeinsam mit den Mannschaften, ging wieder zurück in die Kabine, zog mein Trikot an, packte Karten und Pfeife ein, nahm den Spielball, ging nach draußen – und wäre am liebsten sofort wieder umgedreht. Denn die Mannschaften und eine mittlerweile nicht unerhebliche Zahl von Zuschauern standen um den kleinen, engen und selbstverständlich nur zur Hälfte korrekt abgestreuten Hartplatz herum. Das mit der Freigabe des Rasenplatzes, so wurde mir mitgeteilt, sei ein Missverständnis gewesen, der Platz sei von der Gemeinde gesperrt worden.

Wenn mir so etwas heute passieren würde, würde ich beide Mannschaften in die Kabinen zurückbeordern, den Heimverein zur Strafe nicht den halben, sondern den gesamten Platz noch einmal abstreuen lassen und mittels eines Vermerks im Spielberichtsbogen dafür sorgen, dass der Verein eine saftige Geldstrafe aufgebrummt bekäme. Wie gesagt: heute. Damals aber ließ ich mir das alles gefallen. Ich lief mit den beiden Mannschaften auf den Platz und pfiff das Spiel an. Es wurde fürchterlich. Nicht nur, dass es zweimal in meinem Rücken dieses charakteristische dumpfe Schlaggeräusch tat, von dem ich wusste, dass es Ärger bedeutete. Nicht nur, dass ich über 90 Minuten hinweg keine Ruhe in das Spiel brachte, dass ich bereits nach etwa fünf Minuten wüsten Beschimpfungen der Zuschauer und heftiger Kritik der beiden Trainer ausgesetzt war, dass die Heimmannschaft das Spiel mit 0:2 verlor, und zwar, wie behauptet wurde, durch zwei eindeutige Abseitstore, und nicht nur, dass sich etwa zehn Spieler beider Mannschaften kurz vor Spielende in einer Unterbrechung eine heftige körperliche Auseinandersetzung lieferten (auch das Wort »Rudelbildung« war meiner Erinnerung nach seinerzeit noch nicht erfunden), in deren Verlauf ich, auch das fatal, lediglich einen Spieler, nämlich einen Spieler der Heimmannschaft, des Feldes verwies (taktisch klug wäre es selbstverständlich gewesen, auch einen Spieler der Gastmannschaft vom Platz zu schicken) – abgesehen also von alldem standen mir schon während dieses bösartigen, aufgeheizten, giftigen Spiels zwei Erkenntnisse völlig klar vor Augen: 1. Hier und heute bist du vollkommen überfordert. Du bist noch nicht so weit, das hier ist eine Nummer zu groß für dich. 2. Wenn ein Schiedsrichterbeobachter vor Ort ist, dann bist du heute und hiermit abgestiegen. Und genau so war es, so sollte es kommen.

Wie Fußballmannschaften auf- und absteigen, ist klar festgelegt, statistisch untermauert, durch Zahlen nachprüfbar, für jeden ersichtlich, also: transparent. Die Tabelle lügt nicht, so lautet eine von Hunderten Fußballerbinsenweisheiten. Stimmt sogar, trotz der Wahren Tabelle, aber über den Unsinn habe ich mich ja bereits ausgelassen. Wie aber steigt ein Schiedsrichter von einer Klasse in die nächsthöhere auf oder, auch das gibt es zwangsläufig, in eine niedrigere Klasse ab? Ganz einfach: nach demselben Prinzip wie Mannschaften auch. Schiedsrichter werden von Schiedsrichterbeobachtern (ein Wort, das heute gerne durch den Begriff »Coaches« ersetzt wird, das klingt weniger autoritär und bedrohlich, meint aber genau dasselbe) in Spielen ihrer höchsten Leistungsklasse nach einem nicht unkomplizierten Bewertungssystem benotet. Die Beobachter oder

Coaches sind ehemalige Schiedsrichter, die mindestens in der gleichen Leistungsklasse selber gepfiffen haben müssen wie jene Schiedsrichter, über deren Leistung sie urteilen. In den Profiligen steht jedes Spiel unter Beobachtung, nicht nur von Dutzenden Kameras, sondern auch von einem Coach auf der Tribüne. Der bekommt nach dem Spiel von einem Fernsehsender eine DVD mit der Aufzeichnung der gesamten Begegnung ausgehändigt und nimmt dann, noch in der Kabine, gemeinsam mit dem Schiedsrichtergespann eine ausgedehnte Analyse der kritischen Szenen vor. All das erfordert einen technischen Aufwand, der in Amateurklassen nicht zu leisten ist.

Im Bereich der Amateurligen ist der Schiedsrichterbeobachter auf sich selbst und seine Wahrnehmung im Augenblick angewiesen, so wie der Schiedsrichter auch. Und der Beobachter trifft Tatsachenentscheidungen, so wie der Schiedsrichter auch. Das heißt: Den Wahrnehmungen des Schiedsrichterbeobachters ist der Schiedsrichter ebenso hilflos ausgeliefert wie die Spieler den Entscheidungen des Schiedsrichters. Wenn der Beobachter feststellt, dass in Minute X der Spieler Y für sein Foulspiel mit der roten Karte statt nur mit der gelben Karte hätte bedacht werden müssen, dann ist das eine Behauptung für die Ewigkeit. Ein Widerspruch gegen einen Beobachtungsbogen ist nur dann möglich, wenn der Beobachter falsche Tatsachen in seinem Beobachtungsbogen vermerkt.

Wenn dort also steht: »Die Verwarnung für Nr. 6/blau in der 37. Minute war überzogen«, Nr. 6/blau aber entweder in der 49. Minute oder überhaupt niemals verwarnt wurde, ist das ein Grund, den Bogen aus der Wertung zu nehmen. Kein Einspruchsgrund ist im Übrigen auch die Wahrnehmung des Schiedsrichters, dass ein Beobachter während der gesamten 90 Minuten fröhlich mit einem Bekannten plauderte, anstatt das Spiel anzugucken, oder sich in den letzten 15 Minuten am Würstchenstand hinter dem Tor aufhielt, aber trotzdem die Berechtigung des Strafstoßes auf der gegenüberliegenden Seite anzweifelte. Die Standardantwort des Schiedsrichterausschusses auf Reklamationen dieser Art lautete lange Zeit: »Du sollst auf dein Spiel aufpassen, nicht auf den Beobachter.« Mittlerweile hat sich diese Einstellung gewandelt – die Anforderungen an die Schiedsrichter sind, auch im Amateurbereich, gestiegen, die an die Beobachter auch.

Beobachter entscheiden also über Auf- und Abstiege. Am Ende der Saison erstellt der Verband eine Tabelle mit den jeweiligen Schiedsrichtern einer Leistungsklasse. Die Erstplazierten steigen auf, die Letztplazierten ab. Und allein das erzeugt bei den meisten einen ungeheuren Ehrgeiz: Wer ist schon gerne Letzter, wer ist schon gerne ein Absteiger? Ganz davon abgesehen, dass sich niemand quält und der Beurteilung aussetzt, wenn er nicht auch gut sein will. Schließlich beruht alles, was ein Schiedsrichter tut, letztendlich auf Freiwilligkeit. Wir könnten es ja auch ganz einfach sein lassen.

Der Unterschied zu einer Fußballtabelle ist allerdings gravierend: Ein Schiedsrichter wird im Amateurbereich lediglich etwa fünf- bis sechsmal beobachtet und beurteilt. Beobachtungen kosten Geld, die Fahrtkosten und Spesen müssen erstattet werden, Geld hat der Verband nicht. Das bedeutet, dass jedes Beobachtungsspiel eine große Bedeutung hat. Und vor allem: Während der Fehler eines Fußballers zumeist keine weitreichenden Folgen hat (ein Fehlpass kann von einem Mitspieler ausgebügelt, ein Fehler des Torhüters in der fünften Minute kompensiert werden, indem seine

Mannschaft noch zwei Tore schießt; selbst eine Niederlage kann durch einen Sieg im nächsten Spiel wieder ausgebügelt werden), kann ein einziger schwerwiegender Fehler eines Schiedsrichters, ein Blackout, eine falsche Wahrnehmung, für dessen weitere Laufbahn unabänderliche Folgen haben. Denn obwohl die Beobachter mittlerweile (in früheren Zeiten war das anders) angehalten sind, nicht Einzelszenen zu bewerten, sondern den Gesamteindruck, den ein Schiedsrichter macht, lässt in bestimmten Fällen das Bewertungssystem dem Beobachter keinen Spielraum.

Am ersten Spieltag der Saison kommt es in der dritten Spielminute etwa 18 Meter vor dem Tor einer Mannschaft zu einem Foulspiel. Der Schiedsrichter ist sich nicht vollkommen sicher, ob der Spieler, der das Foulspiel begangen hat, der vorletzte Abwehrspieler war, also eine eindeutige Torchance verhindert hat und folglich mit der roten Karte bestraft werden muss. Angesichts der Umstände (Saisonbeginn, erste kritische Aktion im Spiel, eventuell hätte der fünf Meter entfernt stehende Abwehrspieler auch noch eingreifen können) entscheidet der Schiedsrichter sich für die gelbe Karte. Der Beobachter, in erhöhter Position auf der Tribüne sitzend, ist der Meinung, dass hier die rote Karte hätte kommen müssen. Wenn er diese Feststellung im Beobachtungsbogen festhält, hat er keine Chance mehr und der Schiedsrichter auch nicht. Denn dann, da kann der Schiedsrichter in den restlichen 87 Minuten brillieren mit gelungenen Vorteilen und überragendem Laufvermögen, wie er will, ist der Beobachter gezwungen, im Bewertungsbogen so viele Punkte abzuziehen, dass, wenn nicht ein Wunder geschieht, der Schiedsrichter keine Chance mehr hat, die Klasse zu halten. Die Punktedifferenzen unter den Schiedsrichtern sind im Verlauf einer Saison im Schnitt äußerst gering. Ein Ausreißer nach unten ist kaum auszugleichen. Das bedeutet: Eine einzige vermeintlich falsche Entscheidung am ersten Spieltag in der dritten Spielminute kann im Extremfall über die Karriere entscheiden. Genau so ist es einem Kollegen von mir ergangen. Nach seinem Abstieg hat er seine aktive Schiedsrichterkarriere beendet und die Seiten gewechselt – heute ist er Schiedsrichterbeobachter. Und er kann als solcher sehr streng sein.

Man ist also ausgeliefert. Man kann sich kaum wehren, auch wenn man sich ungerecht behandelt fühlt. Da liegt der Verdacht nahe, dass es sich bei der Schiedsrichterei um ein totalitäres, diktatorisches System handelt, eine Behauptung, die ja ohnehin als Vorurteil durch die Welt geistert: dass es eines besonders autoritätshörigen Charakters bedarf, um sich freiwillig auf dem Platz als unangreifbare Autorität zu plazieren und durchzusetzen.

Doch was den Schiedsrichter antreibt, ist weniger die Freude am Herrschen als der Drang nach Gerechtigkeit. Er will, dass alle sich gerecht behandelt fühlen, Spieler, Trainer, Zuschauer. Es gibt Tage, an denen das gelingt und alle zufrieden sind. Wenn alle zufrieden sind, heißt das aber wiederum nicht, dass der Schiedsrichter gut gewesen sein muss. Es heißt auch nicht, dass der Schiedsrichter schlecht war, wenn alle unzufrieden sind. Aber möglicherweise gibt es Schnittmengen. Vielleicht gibt es in den meisten Fällen die eine, richtige Entscheidung, die objektiv nachprüfbar ist, wenn zufällig eine Kamera im richtigen Winkel zum Geschehen steht: Foul oder nicht, Handspiel oder nicht, Abseits oder nicht. Die Grauzone ist der Schiedsrichter als Mensch in seinen Erfahrungen, Erlebnissen, Stimmungen, aus denen sich wiederum der Umgang mit anderen Menschen ergibt.

Es bleibt nicht aus, dass Menschen, denen, wenn auch in einem stark eingeschränkten Bereich, so viel Macht zugestanden wird, eine geradezu mythische Aura zuwächst, in früheren Zeiten in noch viel größerem Maß als heute. Doch es ist ungemein schwierig, einheitliche Maßstäbe in einem System zu etablieren, dass letztendlich auf der subjektiven Wahrnehmung eines einzelnen Menschen basiert. Auch hier sind die Parallelen zu meinem Hauptberuf, dem des Literaturkritikers, evident: Es gibt keine objektive Literaturkritik. Der Kritiker muss in jedem Text, den er schreibt, den Versuch unternehmen, die Kriterien, die seiner Beurteilung eines Kunstwerks zugrunde liegen, offen darzulegen, seinen Standpunkt zu begründen, die Kriterien seiner Bewertung mitzudenken. Die Beurteilung und Benotung einer Schiedsrichterleistung funktionieren ganz ähnlich: Manch einem gefällt das Auftreten eines bestimmten Schiedsrichters, einem anderen wieder nicht. Der eine war selbst ein eher strenger Schiedsrichter und moniert darum schneller einmal das Fehlen einer persönlichen Strafe, also einer gelben oder roten Karte, als ein anderer, der im Zweifelsfall die Karte auch selbst einmal stecken gelassen hat. Sicher, grobe Fehler bleiben grobe Fehler, aber die sind auch im Amateurbereich eher selten. Es geht, wie immer, um Nuancen.

Dass die Schiedsrichterbeobachter mittlerweile etwas von ihrer Unangreifbarkeit, von ihrem Legendenstatus verloren haben, hat mit verschiedenen Umständen zu tun. Die Aus- und Weiterbildung ist professioneller geworden; auch Beobachter müssen regelmäßig Prüfungen und Regeltests absolvieren; das Bewertungssystem ist vereinheitlicht, die Spielräume für Punktabzüge und Punktzugaben sind enger geworden. Vor allem aber ist etwas so Banales wie Entscheidendes geschehen: Schiedsrichterbeobachter sind nicht mehr unsichtbar. Bis Ende der 90er-Jahre wusste ein Schiedsrichter im Hessischen Fußball-Verband nicht, ob und von wem er in einem Spiel beobachtet wird. Das erfuhr man erst ein, zwei Wochen später, wenn der Beobachtungsbogen im Briefkasten lag.

Der Schiedsrichter musste bei jedem Spiel einen Zettel mit seinem Namen und den Namen seiner Assistenten (die damals noch Linienrichter hießen) an der Sportplatzkasse abgeben; dort holte der Beobachter ihn ab. Das hatte selbstverständlich zur Folge, dass ein Schiedsrichter und seine Assistenten im gesamten Spiel unter anderem damit beschäftigt waren, im Publikum einen Mann mit Schreibblock und Stoppuhr zu suchen, um herauszufinden, wer denn da heute über Wohl und Wehe entscheidet. Meistens bekam man nach dem Spiel vom Heimverein die Information, wer den Zettel am Kassenhäuschen abgeholt hatte. Allerdings war der Umstand, dass der Zettel überhaupt abgeholt wurde, keine Garantie dafür, dass auch tatsächlich eine Beobachtung durchgeführt worden war. Das Prozedere hatte sich nämlich schnell herumgesprochen, und nicht selten gab sich ein Zuschauer an der Kasse als Beobachter aus, um den Eintritt zu sparen, und nahm bei dieser Gelegenheit den Gespannzettel an sich. Der Schiedsrichter wartete dann über Wochen vergeblich auf seinen Beobachtungsbogen (Und jeden Tag dieser vergebliche Gang zum Briefkasten! Und wieder ein Tag mehr Ungewissheit und Zweifel!).

Heute muss der Schiedsrichterbeobachter sich spätestens 20 Minuten vor Spielbeginn in der Schiedsrichterkabine einfinden und sich vorstellen. Neben den diversen praktischen Vorzügen bedeutet diese Form der Kenntlichmachung auch im psychologischen Bereich eine einschneidende Veränderung: Die Beobachter verloren ihre Anonymität, sie bekamen Gesichter, Charakter, Stimme, Physiognomie. Überspitzt gesagt: Erst dadurch, dass sie uns Schiedsrichtern als Schiedsrichterkollegen kenntlich gemacht wurden, kamen sie endgültig auf und an unsere Seite. Sie verloren den Nimbus der Unantastbarkeit. Mittlerweile führen die meisten Beobachter heute, wie in der Bundesliga auch, unmittelbar nach dem Spiel, noch in der Kabine, ein sogenanntes Coachinggespräch, an dessen Ende dem Schiedsrichter seine Note mitgeteilt wird. Beobachter müssen heute ihre Feststellungen also mit dem Schiedsrichter besprechen, sie müssen Einwände gegen eine Spielleitung von Angesicht zu Angesicht begründen. Gerade jüngere Beobachter fühlen sich weniger als Lehrmeister denn als Partner der Schiedsrichter. Das hat auch mit einem Generationswechsel zu tun. Viele ältere Beobachter haben seinerzeit dagegen protestiert, sich vor dem Spiel in der Kabine vorstellen zu müssen, einige haben deswegen sogar demissioniert. Sie wollten sich nicht zeigen, nicht sichtbar werden, unangreifbar bleiben.

Selbstverständlich gibt es allein durch die Ansetzung von Beobachtern die subtile Möglichkeit einer Steuerung: Auch der Verband weiß schließlich, dass der eine Beobachter im Schnitt mit seinen Noten weitaus höher liegt als ein anderer. Aber die Unterschiede sind deutlich kleiner geworden. In den frühen 90er-Jahren gab es in einem südhessischen Landkreis einen Beobachter, der zu einem Schreckgespenst aller Schiedsrichter wurde. Wenn man eine Einteilung für ein Spiel in diesem Kreis bekam, begann das große Zittern, denn es war klar: Wenn dieser Mann als Beobachter angesetzt werden würde, wäre der Aufstieg für diese Saison erledigt und der Abstieg nicht unwahrscheinlich.

Der Mann war klein, noch nicht allzu alt und ungeheuer dick. Er war einer von jener Sorte, die auf dem Sportplatz gesehen werden wollte. Ungefähr zehn Minuten vor Spielbeginn, wenn die meisten Zuschauer schon die Kneipe verlassen und ihren Platz rund um das Spielfeld eingenommen hatten, wenn die Mannschaften und der Schiedsrichter in den Kabinen waren, um sich vorzubereiten – dann kam der große Auftritt jenes Mannes. Mit seiner DIN-A4-Schreibmappe in der Hand schritt er einmal quer über das Spielfeld, bohrte sein Hacke in den Untergrund, um demonstrativ dessen Beschaffenheit zu prüfen, warf noch einmal einen Blick in die Runde und postierte sich dann an einer möglichst exponierten Stelle des Sportplatzes, am besten auf einem kleinen Hügel oder zwischen den beiden Trainerbänken. Soweit ich weiß, fand die Beobachterkarriere dieses Mannes dadurch ein Ende, dass diverse Schiedsrichtervereinigungen es offiziell ablehnten, seine Beobachtungsbögen in die Wertung einfließen zu lassen. Damit war er nicht länger tragbar.

Das Erstaunliche an diesem Mann war, dass seine Beobachtungsbögen in ausgezeichnetem Deutsch geschrieben und die Feststellungen, die er darin traf, nicht nur richtig, sondern auch noch absolut plausibel begründet waren. Nur seine Noten lagen in geradezu grotesker Weise so niedrig, dass sie auf Dauer nicht mehr akzeptabel waren. Jahre später, als ich bereits in höheren Klassen pfiff, war er einmal als Zuschauer bei einem Spiel seines Heimatvereins, das ich leitete. Hinterher sprach er mich an, wir tranken ein Bier zusammen. Er war lustig, aber eher schüchtern, vor allem aber wahnsinnig freundlich. Ich konnte kaum glauben, dass das derselbe Mann sein sollte, der kontinuierlich, möglicherweise ohne es zu wollen, Schiedsrichterlaufbahnen gebremst, verhindert oder auch zerstört hatte. Die ihm verliehene Autorität hatte ihm schlicht nicht gutgetan. Und im Nachhinein ist es absurd, sich vorzustellen, dass man einstmals als junger Mensch eine schlaflose Nacht verbracht haben soll wegen dieses Männleins, dass man diese kauzige Gestalt so ernst genommen hat, nur weil sie innerhalb eines recht überschaubaren Zeit- und Bedeutungsrahmens mit Allmacht ausgestattet war.

In einem Ordner habe ich sämtliche Beobachtungsbögen meiner Schiedsrichterlaufbahn aufbewahrt. Der erste stammt aus dem Jahr 1992. Seit 2004 werden die Bögen nicht mehr mit der Post, sondern per Mail verschickt. Die Beobachter können sich das betreffende Formular aus dem Internet herunterladen, am Computer ausfüllen und dann an den Verband weiterschicken, der es wiederum, nach Prüfung von Text und Note, an den Schiedsrichter weiterleitet. Das ist natürlich ungemein praktisch und spart Zeit, Geld und Nerven. Im Idealfall habe ich, wenn ich am Samstag ein Spiel geleitet habe, den Beobachtungsbogen am Montag oder Dienstag in meinem Mailpostfach. Doch dass mit dem Fortschritt auch etwas verloren geht, versteht sich von selbst.

Der letzte handschriftlich verfasste Bogen, geschrieben in einer verschnörkelten, leicht zittrigen, aber dennoch blendend lesbaren Altmännerhandschrift, datiert aus dem Jahr 2008, wahrscheinlich seinerzeit vom Beobachter noch per Post verschickt und vom Verband eingescannt und per Mail an mich weitergegeben. Die Gruppe der Schiedsrichter ist von großer sozialer Heterogenität, es gibt Studierte und Arbeiter, Ingenieure und Polizisten, Rechtsanwälte und Lehrer. Überdurchschnittlich viele Polizisten und Lehrer, um offen zu sein, aber wen wundert das? Das bildet sich selbstverständlich auch in der Sprache, in den Formulierungsfähigkeiten und auch in der Rechtschreibung der Schiedsrichterbeobachter ab.

Wenn ich meinen Ordner heute durchblättere, bleibe ich immer wieder an bestimmten Bögen hängen, durchlebe die Spiele, die Atmosphäre, bestimmte Situationen noch einmal. Oder ich erfreue mich einfach an Formulierungen, die manchmal freiwillig, manchmal aber auch unfreiwillig komisch sind. Man muss kein Sprachkünstler sein, um Beobachter zu sein. Und zumeist waren die Männer dieser Zeit auch nicht an der Schreibmaschine ausgebildet, weswegen die dünnen Blätter oft durchstoßen waren von der Härte der Anschläge, den durchgexxxxxxxxxxten Fehlern, handschriftlichen Streichungen und Verbesserungen. Jedes Blatt ein Palimpsest, ein kleines Kunstwerk beinahe.

Ich blättere mich durch die Jahre und durch die Erinnerungen, 1995: erster Aufstieg, 1996: Abstieg auf dem kleinen Hartplatz, 1997: sofortiger Wiederaufstieg, 2000: noch ein Aufstieg; Vereine, Paarungen; ach, schau an, die spielten damals noch so weit unten oder so weit oben; ach schau an, in X oder in Y warst du auch schon lange nicht mehr, da könntest du mal wieder hin. Eine Chronologie der ganz besonderen Art, eine Geschichtsschreibung, die mir vor Augen führt, wie eng meine menschliche und berufliche Entwicklung an mein Schiedsrichterdasein geknüpft sind. Und hier der aufblitzende Gedanke: »Das war aber ungerecht«, und dort die zerknirschte, wenn auch späte Einsicht: »Verdammt, der Mann hatte völlig recht.«

Mittlerweile bin ich, und das bereits seit einigen Jahren, fähig zu einer Form der Selbsterkenntnis, die mir während des laufenden Spiels ermöglicht, einzuordnen, ob ich an diesem Tag richtig schlecht (kommt natürlich nur selten vor), gut, sehr gut oder phänomenal gut bin. Und die Beobachtungsnoten sind mittlerweile deckungsgleich mit meiner Selbsteinschätzung. Es ist, als würde ich neben mir stehen und mir selbst zugucken. Ich weiß, wie ein Spiel, das ich leite, von außen betrachtet aussieht, wie ich an diesem Tag wirke, ob meine Entscheidungen klar sind oder nicht.

Ich blättere, und die Erinnerungen kommen zurück. Ich erinnere mich an einen Beobachter, der vor dem Spiel, bei der Vorstellung in der Kabine, kundtat, dass er keinesfalls vor der 30. Minute eine gelbe Karte sehen wolle. Von Kollegen wusste ich, dass der Mann das ernst meinte und für Verwarnungen in der ersten halben Stunde konsequent Punkte abzog. Man muss kein Fußballexperte sein, um umgehend zu erkennen, wie geisteskrank das ist. Das ist, als würde man einem Polizisten die Anweisung geben, erst einmal 30 Minuten bei einer Massenschlägerei zuzugucken, bevor er eingreifen darf. Also ließ ich die Mannschaften treten, nach Herzenslust. Ich tat einfach so, als sei jedes Vergehen vollkommen harmlos. Ich glaube, selbst auf den Trainerbänken wunderte man sich darüber, was da auf dem Platz alles so erlaubt war. Bis exakt zur 30. Minute. Dann griff ich durch.

Der Beobachtungsbogen war hervorragend. In der Rubrik »Persönliche Strafen« lese ich: »Sch. hatte auch hier eine gute, deutliche Linie. Er sprach zunächst bei Vergehen die Spieler an, ermahnte dann. 4x gelb kam zwischen der 30. und 65.min, in den kritischsten Phasen des Spiels.« Na also, alles richtig gemacht. Heute frage ich mich, was passiert wäre, wenn ich einfach so weitergemacht und über 90 Minuten so getan hätte, als hätte ich einfach keine gelben und roten Karten bei mir.

Und dann gibt es Regelsonderfälle, die den Schiedsrichter im Spiel wie auch den Beobachter während des Spiels vor Schwierigkeiten stellen. Ein ungemein heißer Tag im

August, Temperaturen um die 35 Grad. Der Beobachter an diesem Tag war ein Mann, der bereits zwei Jahre zuvor einen rhetorischen Glanzpunkt gesetzt hatte. Ich zitiere auch hier im Original: »Das Spiel für beide Seiten von hoher Bedeutung, war für den SR an den Grenzen seiner Leistungsfähigkeit. Hätte doch öfter energisch Eingreifen müssen. Wirkte verunsichert. Sprach nicht mit seiner Pfeife, wenn notwendig.« Eine grandiose Formulierung, die Eingang gefunden hat in den allgemeinen Sprachgebrauch im Kollegenkreis und seinerzeit nicht auf mich gemünzt war, ich stand als Assistent an der Seitenlinie, sondern an den Schiedsrichter gerichtet war. Für mich als Assistent hatte der Mann seinerzeit nur einen Satz übrig: »Wirkte etwas müde, machte aber keinen entscheidenden Fehler.« Besten Dank und sehr beruhigend – sozusagen im Schlaf alles richtig gemacht.

Nun also, zwei Jahre später, derselbe Beobachter bei 35 Grad. Die Heimmannschaft spielte in komplett schwarzer Spielkleidung. Im Sturm spielte ein Mann von schwarzer Hautfarbe. Der wurde nach etwa 65 Minuten ausgewechselt. In den Anweisungen steht, dass Auswechselspieler sich nach Möglichkeit nicht in den Trikots auf der Auswechselbank aufhalten sollten, um nicht die Akteure auf dem Spielfeld zu irritieren. Das tat der Mann auch nicht. Wie gesagt, es war ungewöhnlich heiß. Also zog er nach seiner Auswechslung sein schwarzes Trikot aus und setzte sich mit freiem Oberkörper auf die Auswechselbank. Der freie Oberkörper war aber, man ahnt es, nun ja, auch tiefschwarz. Was tun?

Da ist man natürlich umgehend mitten in einem sehr diffizilen Diskurs: Ist es ein rassistischer Akt, einen schwarzen Spieler aufzufordern, sich ein weißes T-Shirt anzuziehen, während seine Mannschaftskameraden mit freiem, also weißem Oberkörper neben ihm auf der Bank sitzen? Hätte ich alle Spieler gemeinsam auffordern müssen, sich T-Shirts in einer völlig anderen Farbe, also beispielsweise Blau, anzuziehen, oder wäre das auch Rassismus gewesen, nur in die andere Richtung? Dafür wiederum gibt auch die Regel keine Handhabe, denn es ist nicht verboten, mit freiem Oberkörper auf der Ersatzbank Platz zu nehmen. All das schoss mir durch den Kopf. Währenddessen lief das Spiel. Ich hatte also zu tun. Und ließ den Mann auf der Bank sitzen, und zwar so, wie Gott ihn geschaffen hatte.

Im Beobachtungsbogen findet sich dazu unter der Rubrik 4, »Ausführung von Anweisungen«, folgende Bemerkung: »Ohne Probleme alles umgesetzt, was von einem SR verlangt wird. Auswechselspieler sollten aber sofort ihr Trikot ausziehen oder entsprechend andere Kleidung anlegen!« Interessant ist ja nur der letzte Halbsatz, der zeigt, dass der Mann da draußen selbst nicht genau wusste, wie man mit der Situation hätte umgehen sollen. Das Trikot war ja ausgezogen. Und entsprechend andere Kleidung hatten die anderen auch nicht an, warum also hätte ausgerechnet er …? Man hätte es also nur falsch machen können. So oder so. Interessante Regelfrage eigentlich. Ich werde sie bei Gelegenheit mal an den Verbandslehrwart weitergeben.

Der Schiedsrichterbeobachter ist aber lediglich die äußere, die offizielle, die sozusagen amtliche und institutionalisierte Seite des Schiedsrichterwesens. Doch es geht nicht allein darum. Es geht auch um die psychische Disposition des Schiedsrichters selbst. Wie stabil ist er? Wie groß ist sein Selbstbewusstsein? Was belastet ihn?

Um aufsteigen zu können, müssen viele Dinge zusammenkommen. Erstens: Die Einteiler müssen dir die richtigen Spiele zukommen lassen. Das müssen nicht unbedingt

Spiele sein, die von großer Bedeutung sind. Ich habe Abstiegsduelle am letzten Spieltag gepfiffen, die mit äußerster Disziplin geführt wurden, Spitzenspiele, in denen die Spieler mit großem Anstand miteinander umgegangen sind. Die richtigen Spiele lassen sich nicht vorausplanen. Ob du das richtige Spiel hast, weißt du, wenn du es angepfiffen hast. Oft bekommt ein Spiel zweier Mittelfeldmannschaften eine Eigendynamik und wird ohne erkennbaren Grund zu einem schwierigen Spiel.

So, nun hast du das richtige Spiel, jetzt musst du auch noch in guter Form sein, ausgeschlafen haben, gute Laune haben oder besonders schlechte, keine Schmerzen im Fuß und keine im Rücken, keinen privaten Ärger im Hinterkopf. Nun hast du also das richtige Spiel, bist körperlich und mental ausgeruht. Jetzt musst du das Glück haben, dass der Verband dir an diesem Tag überhaupt einen Beobachter eingeteilt hat. Jetzt hast du das richtige Spiel, bist fit und hast einen Beobachter auf der Tribüne. Jetzt musst du einfach gut sein, sonst nichts. Und der da draußen muss erkennen, dass du gut bist. Und dann muss er auch noch den Mut haben, diese Erkenntnis in eine Punktzahl umzuwandeln. Er muss also, so wie du selbst, am richtigen Tag am richtigen Ort sein. Das ist ganz schön viel auf einmal. Und das brauchst du nicht einmal, sondern fünfmal oder sechsmal pro Saison.

Für einen Schiedsrichter ist ein Aufstieg noch weniger planbar als für einen Fußballclub. Der kann sich einen Sponsor besorgen oder mehrere neue Spieler verpflichten, einen guten Trainer. Dann stehen die Chancen zumindest einmal nicht schlecht. Den Satz »Geld schießt keine Tore« habe ich noch nie verstanden. Selbstverständlich nicht, aber die Spieler, die man sich damit kaufen kann, eben schon. Wenn der Satz gilt, dass für den Gewinn einer Meisterschaft so unglaublich viele Faktoren zusammenkommen müssen, dann gilt das für einen Aufstieg als Schiedsrichter erst recht. Ich habe eine Erfahrung gemacht: Je weniger man als Schiedsrichter einen Aufstieg plant, desto wahrscheinlicher wird er. Und wenn man ihn schon komplett abgeschrieben hat, ist er eigentlich kaum noch zu vermeiden.

Als ich in die Verbandsliga, die seinerzeit noch Landesliga hieß, aufstieg, war ich 26 Jahre alt. Der Satz der Verbandsspitze, dies sei keine Verweilklasse, sondern nur eine Durchgangsstation (nach oben oder nach unten), galt für mich offensichtlich nicht. Ich konnte mich anstrengen, wie immer ich wollte – ich blieb, wenn man die Beobachtungsbögen als Kriterium nimmt, Mittelmaß, mal unteres, mal oberes, aber immer Mittelmaß. Bis ich ganz allmählich den Gedanken fasste, dass meine Zeit als Schiedsrichter sich langsam dem Ende zuneigte.

Und dann geschah tatsächlich Erstaunliches, psychologisch wahrscheinlich leicht erklärbar: Ich begann, durch meine Spiele zu schweben. Nicht körperlich, aber mental. Nichts schien mir schwerzufallen, keine Anforderung zu hoch, keine Problemstellung zu kompliziert, als dass ich sie nicht mit Ruhe und Gelassenheit hätte lösen können. Und ich hatte es in besagter Saison noch dazu mit Situationen zu tun, wie ich sie noch nie zuvor erlebt hatte. Und weil mir alles egal war, hatte ich den Mut, auf außergewöhnliche Situationen mit ebender nötigen Radikalität zu reagieren, die andere Schiedsrichter möglicherweise gescheut hätten. Ich fühlte mich frei, das zu tun, was ich wollte, tat offenbar genau das Richtige und hatte noch dazu einen riesigen Spaß dabei.

Ein Samstagnachmittag im Frühherbst in Bad Soden, einem Ort in der Region rund um Fulda. Auf dem Plan steht das Spiel zweier Mannschaften, die äußerst schlecht in die Saison gestartet sind. Beide stehen auf einem Abstiegsplatz, die Begegnung ist von wegweisender Bedeutung. Wer heute verliert, hat den Anschluss erst einmal verloren. Ein recht holpriger Rasenplatz ohne Flutlicht, angesetzter Spielbeginn: 15.30 Uhr. Um 14.15 Uhr komme ich mit meinem Gespann an; man kennt uns dort. Die Stimmung ist angespannt, konzentriert, aber freundlich.

Wir besichtigen den Platz, trinken noch einen Kaffee, gehen in die Kabine, um uns umzuziehen. Der routinierte Ablauf bis dahin. Gegen 15 Uhr kommt der Betreuer der Heimmannschaft in die Kabine. Die Gastmannschaft, so sagt er, sei aus Nordhessen mit zwei Kleinbussen in Richtung Bad Soden aufgebrochen. Der eine Kleinbus sei gerade angekommen, darin der Trainer, der Betreuerstab, der Mannschaftsarzt, ein paar Ersatzspieler. Der andere Kleinbus, der mit dem Rest der Mannschaft und den Trikots, sei vom Navigationssystem ins falsche Bad Soden geleitet worden, nach Südhessen, etwa 100 Kilometer entfernt. Mittlerweile ist auch der Schiedsrichterbeobachter bei uns in der Kabine gewesen, hat sich vorgestellt und einen Plausch gehalten.

Die Bestimmungen sehen vor, dass bei einer Verzögerung des Anpfiffs durch äußere Umstände 45 Minuten Wartezeit einzuhalten sind, in diesem Fall also bis 16.15 Uhr. Viel länger könnte man an diesem recht trüben Tag ohnehin nicht warten – schließlich verfügt der Sportplatz über kein Flutlicht. Per Telefon steht die Rumpftruppe der Gastmannschaft mit dem Irrläufer-Bus auf der Autobahn in Verbindung. Bis 16.15 Uhr, so versichert man mir, müsste der Bus am Spielort sein. Wir laufen uns also warm und halten Ausschau. Währenddessen tritt der Beobachter draußen ungeduldig von einem Fuß auf den anderen. Er wollte nach dem Spiel noch zu einer Geburtstagsfeier. Die Zuschauer begeben sich erst einmal ins Vereinsheim, schauen Bundesliga im Fernsehen, trinken sich mit ein paar Bieren warm für das bevorstehende Spiel und bescheren dem Wirt eine unverhoffte Einnahme.

Gegen 16.05 Uhr hat sich die Spannung bei allen Beteiligten zu hochgradiger Nervosität gesteigert. Die Verantwortlichen der Gastmannschaft wissen, dass das Spiel mit 0:3 Toren gegen sie gewertet würde, wenn nicht bald etwas passieren würde. Der Bus, so sagen sie mehrfach, das Telefon am Ohr, sei gerade an der Autobahnausfahrt des richtigen Bad Soden, es könne nicht mehr lange dauern. Das sagen sie seit einer Viertelstunde.

Um 16.15 Uhr räume ich noch eine Karenzzeit von zwei Minuten ein. Um 16.16 Uhr biegt der Bus tatsächlich um die enge Kurve zum Sportplatz. Die Türen gehen auf – heraus springen elf Spieler, komplett und fix und fertig umgezogen in Trikots, Hosen, Stutzen und Fußballschuhen. Um 16.18 Uhr pfeife ich das Spiel an. Eine Stunde später stehen nur noch neun Spieler der Gäste auf dem Platz, am Ende sind es sieben. Die ganze Mannschaft ist völlig durch den Wind, fahrig, aggressiv aufgeladen durch die Umstände. Sie kommen in jedem Zweikampf zu spät, sie begehen Fouls im Halbminutentakt, sie reklamieren bei beinahe jedem Pfiff. Und selbstverständlich verlieren sie das Spiel, durch das ich laufe wie auf Schienen, in dem ich keine Sekunde lang Zweifel habe, dass das, was ich gerade tue, das Richtige sei. Die Beobachtungsnote war dementsprechend gut.

Wenige Wochen nach Bad Soden das nächste denkwürdige Spiel. Ein Ort im sogenannten Hinterland, nördlich von Marburg. Noch nie war ich bis zu jenem Tag dort gewesen, was an sich schon ungewöhnlich ist. Wir fahren gen Norden, auf der Autobahn hat sich ein Unfall ereignet, Vollsperrung, wir weichen auf die Landstraße aus, fahren über Dörfer, über Hügel, durch Wälder. In Hessen ist man außerhalb der Ballungsgebiete ziemlich schnell ziemlich einsam; unter anderem das ist das Schöne daran. Der Himmel über dem Hinterland wird zunehmend düster, es ballt und braut sich etwas zusammen, nicht nur, was das Wetter betrifft. Auch heute wieder so ein Spiel: Eine als ungemein kampf- und heimstark bekannte Mannschaft trifft auf den technisch versierten Tabellenführer.

Als wir am Spielort ankommen, ist der Himmel beinahe schwarz, die ersten Blitze zucken. Auf dem Rasenplatz spielen noch die Reservemannschaften, da bricht ein Gewittersturm los, es donnert und blitzt. Das Reservespiel wird unterbrochen; binnen 20 Minuten verwandelt der Sturzregen den Platz in eine matschige Seenplatte. Uns allen ist klar, dass wir hier heute nicht Fußball spielen können. Oberhalb des Rasenplatzes, etwa zwei Fußminuten bergauf, liegt ein neu gebauter Kunstrasenplatz. Doch solange es noch gewittert, ist an den Anpfiff nicht zu denken: Vor einigen Jahren zuckte im Odenwald buchstäblich aus heiterem Himmel ein Blitz und schlug in einen der Masten einer Flutlichtanlage ein. Der Blitz wurde durch den Kunstrasenplatz weitergeleitet; mehrere dort trainierende Spieler erlitten schwere Verletzungen, einer von ihnen hat bis heute seine Sprachfähigkeit nicht wiedererlangt.

Wir warten also, bis das Gewitter sich verzogen hat. Der Heimverein hat mittlerweile den Grill und den Getränkestand den Berg hoch unter eine Überdachung an den Kunstrasenplatz geschleppt. Als ich das Spiel anpfeife, regnet es noch immer in Strömen, und in der Ferne sieht man über die Mittelgebirgsketten noch die Blitze zucken.

Die Spieler der Heimmannschaft machen das, was sie

können, und sie machen es brillant: Sie machen die Räume eng, stellen sich den Gästespielern auf die Zehen, lassen sie nicht zur Entfaltung kommen, rennen um jeden Ball, grätschen und kämpfen, unterstützt von einem sehr energischen und lauten Publikum. Sie schießen das 1:0, sie schießen das 2:0, und sie werfen alles in die Waagschale, um diesen Vorsprung zu verteidigen, mehr, als erlaubt ist. Ich muss reden, ich muss beschwichtigen, ich muss schreien, loben, tadeln, sehr oft pfeifen und sehr viel laufen. Es ist kein bösartiges Spiel, aber ein Spiel auf Messers Schneide, in dem ungemein viele Entscheidungen getroffen werden müssen.

Die Platzverweise gegen die Heimmannschaft kommen sozusagen in einem geradezu natürlichen Rhythmus. Die erste gelbrote Karte ziehe ich nach 40, die zweite nach 60, die dritte nach 80 Minuten. Kein Spieler protestiert, sie machen einfach weiter und verteidigen verbissen ihren Vorsprung – vergeblich. Nach 90 Minuten steht es 2:2; Mitte der zweiten Halbzeit stoßen zwei Spieler mit den Köpfen zusammen, beide tragen eine Platzwunde davon und müssen auf dem Platz versorgt werden (beide spielen im Übrigen mit einem dicken Kopfverband weiter; auch das sagt etwas über den Charakter des Matches aus), also zeige ich sechs Minuten Nachspielzeit an.

Es ist die 96. Spielminute, in der ein Stürmer der Gäste noch einmal in den Strafraum kommt, er fällt über ein Bein des Verteidigers – ein Foul, wie es eindeutiger nicht sein kann. Es herrscht Grabesstille auf und rund um den Sportplatz, und in die Stille gellt mein Pfiff: Strafstoß. Auch hier keine Proteste. Der Stürmer legt sich den Ball auf den Punkt und drischt ihn weit über das Tor. Ich pfeife das Spiel sofort ab, es bleibt beim Unentschieden. Beim Abgang vom Sportplatz müssen wir an den heimischen Zuschauern vorbei oder genauer: durch die Menge hindurch. Es fällt kein einziges Schimpfwort, kein drohend erhobener Regenschirm wird gegen uns gereckt. Die Zuschauer scheinen genauso mitgenommen von diesem Spiel wie wir, durch das ich wie in Trance, wie ferngesteuert gegangen bin. Der Beobachtungsbogen, der ein paar Tage später in meinem Mailpostfach landete, war der beste, den ich jemals bekommen habe.

Nach dem Duschen gehen wir in die Vereinsgaststätte. Der Trainer der Heimmannschaft kommt mit einem Tablett mit vier Bieren darauf zu uns an den Tisch. Er will nicht über Entscheidungen diskutieren. Er will nur mit uns anstoßen, auf das Spiel, auf diesen Tag. Und wenn ich heute manchmal am Morgen eines Spiels aus dem Bett steige, ein paar Minuten brauche, bis der Rücken schmerzfrei ist und meine Gelenke beweglich sind, und ich mir denke, dass ich mit dem Tag ja auch etwas Sinnvolleres anfangen könnte, als ihn auf dem Fußballplatz zu verbringen – dann denke ich an jenen Gewittertag im Hinterland. Und dann weiß ich wieder, warum ich immer noch Schiedsrichter bin. Und dass das Aufhören mir unglaublich schwerfallen wird.

DIE DRITTE HALBZEIT
Alte Zeiten.
Ein Lob des Amateurwesens

Nichts ist schlimmer als der Satz, dass früher doch alles besser war. »Früher war es hier doch besser«, sagten wir uns, als wir uns auf dem Sportplatz von B. warmliefen. Zugegeben, so richtig, richtig schön wurde es hier meistens auch früher ohnehin erst nach dem Spiel. Holprig und schlecht gemäht war der Rasen schon immer, schon immer blätterte auch von den Stangen, die das Spielfeld von den Zuschauern abtrennen, die Farbe. Aber ebendas war der Unterschied: Früher gab es hier Zuschauer. Und zwar wahnsinnig viele.

B. ist ein echtes Dorf im Osten von Hessen, gerade einmal etwas mehr als 2000 Einwohner, aber in den guten Jahren stand bei einem Heimspiel rein zahlenmäßig nicht nur das ganze Dorf rund um das löchrige Geläuf, sondern auch noch die Hälfte der Einwohner der benachbarten Orte. Da versammelten sich dann 2000 Menschen um einen engen Dorfsportplatz und sorgten für eine recht einmalige, aufgeheizte Stimmung. Für einen Schiedsrichter nicht das Schlechteste: B. war bekannt als ein Spielort, an dem man gute Beobachtungsnoten einsammeln konnte: Wer hier dem Druck der äußeren Verhältnisse widerstand, musste stramme Nerven haben.

B. war ein Phänomen. Aus dem Nichts stieg der Verein aus den Niederungen der Kreisklassen auf, immer weiter und weiter, bis man irgendwann in der Oberliga Hessen angekommen war und dort auf Platz zwei landete und tatsächlich zwei Relegationsspiele zum Aufstieg in die Regionalliga absolvieren durfte, was damals, in den 90er-Jahren, immerhin die Dritte Bundesliga war, eine Liga, die unter Spielern, die seinerzeit dort am Ball waren, noch heute mit einer Mischung aus Ironie und Nostalgie »Nettoliga« genannt wird. Soll heißen: Die Vereine, Spieler und Sponsoren belästigten das Finanzamt nur in seltenen Fällen und zahlten die vereinbarten Prämien und Gehälter lieber gleich am Spieltag in Bargeld aus. Das begann sich zu rächen. Auch im Fall des Fußballclubs im kleinen B. Denn dort klopfte eines Tages das zuständige Finanzamt an und prüfte einmal gründlich die Bücher, in denen ganz offenbar eine ganze Menge von dem Geld, das in den Jahren zuvor geflossen sein musste, nicht auftauchte. Es war der Anfang vom Ende des Vereins: Das alte Lied, die guten Spieler laufen weg, wenn sie keine Aufwandsentschädigung mehr erhalten, die Karawane zieht weiter, man versucht, Spieler aus niedrigeren Ligen zu integrieren, was selbstverständlich nicht funktioniert, denn warum sollten die plötzlich mithalten können. Und irgendwann ist man wieder dort angelangt, wo man rund 25 Jahre zuvor angefangen hat – in der Kreisliga, reich an Erinnerungen und Erfahrungen, mittellos.

Die Saison, in der wir uns auf dem Sportplatz in B. warmliefen, war jene Saison, in der der Verein mit einer nicht mehr wettbewerbstauglichen Mannschaft versuchte, noch zu retten, was nicht mehr zu retten war. Es war sozusagen die Abschiedssaison in dieser Klasse, das war allen klar. Drei Minuten vor Spielbeginn verließen wir die Kabine, um gemeinsam mit den Mannschaften auf den Platz zu laufen. Vor der Kabine wartete unser Betreuer, wie üblich. Auch er hatte die besseren Zeiten des Vereins gesehen und auch die schlechteren davor, und ich könnte mir vorstellen, dass er sich noch heute in der achten oder neunten Liga darum kümmert, dass die Schiedsrichter in B. in der Halbzeitpause etwas zu trinken bekommen und nach dem Spiel einen Imbiss, ein kleiner, älterer Mann, der in meiner Erinnerung stets einen Pepita-Hut trug, wie der ehemalige Eishockeytrainer Xaver Unsinn. An diesem Abend jedenfalls, es war November, trug er den Hut ganz sicher, er würde ihn später noch brauchen.

Zunächst aber ging es darum, die Tür der Schiedsrichterkabine abzuschließen, deswegen wartete der Mann auf uns. Wir machten also die Tür hinter uns zu, und er drehte mit einer zielsicheren Bewegung die Türklinke aus ihrer Halterung. Wir schauten ihn an. Er grinste ein wenig verlegen. Der letzte Schlüssel, so sagte er, sei kürzlich abhandengekommen, ein neues Schloss könne der Verein sich nicht leisten. Aber so komme ja auch niemand rein. Da hatte er recht. Also gingen wir nach draußen, und in der Halbzeitpause und nach Spielschluss stand der brave Mann vor unserer Tür, holte die Türklinke aus seiner Manteltasche, brachte sie wieder an und öffnete uns formvollendet die Tür. Not macht tatsächlich erfinderisch. Und das Improvisationstalent unseres Betreuers wurde an diesem Abend noch einmal auf die Probe gestellt.

Nach dem Spiel, das die Mannschaft von B. erwartungsgemäß deutlich verloren hatte, und nach einer kalten Dusche (offenbar war auch die Reparatur des Warmwasserboilers nicht mehr im Budget vorgesehen), kamen wir in die Vereinsgaststätte, um unsere Spesen und unsere Fahrtkosten abzukassieren. Die werden gegen Quittung vom Heimverein ausbezahlt; am Ende der Saison werden die Quittungen beim Verband eingereicht, zusammengerechnet und durch die Anzahl der Vereine geteilt, so dass jeder Verein den gleichen Betrag an Schiedsrichterkosten bezahlt haben wird wie die Konkurrenz. Dazu muss gesagt werden, dass man nicht Schiedsrichter wird, um Geld zu verdienen. Für den 14-Jährigen, der ich einmal war, waren die zehn Mark, die es für ein Jugendspiel gab, ein willkommener Aufschlag zum Taschengeld. Meistens pfiff ich aus Personalnot an einem Samstag zwei Jugendspiele hintereinander, das war nicht übel. Für einen erwachsenen Menschen allerdings, der Arbeit und auch sonst noch einiges an der Backe hat, ist das Schiedsrichterhobby eher ein Luxus. Für ein durchschnittliches Verbandsligaspiel beispielsweise bin ich, wenn ich nicht in einem Vereinsheim versacke und nach dem Spiel nicht sechs, sondern nur ein Hefeweizen mit dem Schiedsrichterbetreuer trinke, von 12 bis 19 Uhr unterwegs. Dafür bekomme ich einen Spesensatz von 40 Euro plus Kilometergeld. Das ist ein Stundenlohn von noch nicht einmal sechs Euro. Und mit jeder Spielklasse unterhalb geht es auch mit den Spesen runter. In der Kreisliga sind es dann nur noch 20 Euro, tiefer geht es zum Glück nicht. Für 20 Euro schlägt man sich also den Tag um die Ohren, lässt sich anpöbeln, nassregnen, zieht sich in ungeputzten und halbverschimmelten Löchern um und stellt, wenn es ganz schlecht läuft, auf dem Parkplatz noch fest, dass irgendein frustrierter Depp im Vorbeigehen mit der Faust noch eine Delle in die Autotür gehauen hat. Ist mir zweimal passiert, innerhalb von fünf Jahren, beide Male beim selben Verein. Da wurde ich offenbar schon beim Einparken beobachtet. Wenn möglich, parke ich ohnehin immer ein paar Meter entfernt vom offiziellen Sportplatz-Parkplatz. Und die wichtigste aller Regeln lautet: Parke niemals auf dem eigens vom Heimverein ausgeschilderten Schiedsrichterparkplatz. Das ist eine Einladung für jeden, der im Vorbeigehen seinen Schlüsselbund auspacken und einmal längs über die ganze Wagenseite ziehen will.

Kürzlich stimmten, auch das hatte ich zuvor so noch nicht erlebt, einige Zuschauer während des Spiels das universal einsetzbare »Schiri, wir wissen, wo dein Auto steht«-Lied an. So weit, so bekannt. Meine übliche Reaktion darauf ist ein leicht süffisantes, aber nicht komplett unfreundliches Grinsen in Richtung der Singenden. Das, was nun kam, war allerdings neu: »Jaja«, schrie einer, »da brauchst du gar nicht so zu grinsen. Das ist der silberne Fiat, F-C-1258, der da oben am Berg in der Nebenstraße steht.« Blöderweise hatte der Mann recht. Ich grinste weiter, holte in der nächsten Spielunterbrechung dann aber doch mal den Spielführer zu mir und erklärte ihm, dass ich seinen Verein haftbar machen würde für jeden Schaden. Auch das natürlich nur eine Finte. Aber sie wirkte, denn der Mann ging nach draußen und redete auf die Zuschauer ein, danach war Ruhe und mein Auto blieb selbstverständlich unbeschädigt.

Aber zurück nach B. in Osthessen, in die Kneipe des maroden Vereins. Dort hatte man zwar die innovative Türklinkensicherung erfunden, nicht aber daran gedacht, dass sich die Schiedsrichterspesen an den Tagen von Montag bis Freitag um 50 Prozent erhöhen. Heute war Mittwoch. Und es war nicht genug Geld da, um uns zu bezahlen, wohlgemerkt: Es fehlten exakt 41 Euro, und das bei einem Verein, der noch fünf Jahre zuvor fürstliche Gehälter an ausgemusterte Exprofis bezahlt hatte. Und nun kam der große Auftritt des Pepita-Hutes. Unser Betreuer ging in der Kneipe sammeln. Wie bei der Kirchenkollekte warfen die Besucher der Vereinswirtschaft, überwiegend Rentner, Münzgeld in den ihnen vorgehaltenen Hut. Ich hatte schon einmal erlebt, dass der Platzwart eines durchaus namhaften hessischen Vereins die Kreide zum Abstreuen des Spielfeldes aus eigener Tasche bezahlen musste, weil der Verein nirgendwo mehr Kredit bekam. Aber an diesem Abend in B. gingen wir mit dem sagenhaften Betrag von 130 Euro in Scheinen und einer Plastiktüte mit 41 Euro in Münzgeld aus dem Vereinsheim. Das heißt, wir haben nicht nachgezählt, es war ja alles dabei, von 5-Cent- bis zu 2-Euro-Stücken. Ich zahlte meine beiden Assistenten in Scheinen aus, nahm die Plastiktüte mit nach Hause und füllte über Wochen hinweg mein Portemonnaie nach und nach immer wieder mit den Münzen aus B. auf. Ich bin seitdem nie wieder dort gewesen. Aber ich finde, Türklinke und Hut hätten einen Platz in der Ehrenvitrine des Vereins verdient.

Der Amateurfußball ist keine jederzeit freundliche und schon gar keine heile Welt. Aber ich habe den Eindruck, als seien die Sitten und Umgangsformen auf dem Land (und in Hessen, das wird gerne einmal vergessen, haben wir sehr viel Land und sehr wenig Stadt) noch ein wenig herzlicher, als seien die Menschen einander noch eher zugewandt. Das mag eine Feststellung sein, die man als Ausdruck einer zurzeit im Trend liegenden und von Zeitschriften wie »Landlust« ökonomisch verwerteten Nostalgie verstehen könnte. Aber so ist es nicht. Denn ich fahre ja nun schon tatsächlich mehr als zwei Jahrzehnte lang durch das Land, bin jedes

Wochenende zu Gast bei einem anderen Verein, und noch immer macht es mir ungeheure Freude, sonst würde ich es bleiben lassen. Trotzdem ist etwas ausgestorben in der Kultur des Amateurfußballs. Es sterben Originale aus, die heimlichen Schrittmacher eines funktionierenden Gemeinwesens.

Ich war noch ein relativ unerfahrener Linienrichter, als ich mit einem seinerzeit ebenfalls noch jungen, frisch in die höchste hessische Spielklasse aufgestiegenen Schiedsrichter ein Spiel im Westerwald leiten durfte, an einem höchst traditionsreichen Spielort, bei einem Verein, der in seinen besten Zeiten im DFB-Pokal gespielt und dort selbst Bundesligamannschaften das Leben schwer gemacht hatte. Man merkte der Sportanlage den leicht abgeblätterten Charme an. Der Hauptsponsor, ein Möbelhaus, war finanziell unter Zugzwang geraten, es war klar, dass auch der Traditionsverein demnächst in diese Abwärtsspirale hineingeraten würde. Aber nun waren wir wenigstens einmal da gewesen, und wir freuten uns, und das Spiel lief, man kann es nicht anders sagen, wirklich beschissen für uns. Der Schiedsrichter traf die eine oder andere unglückliche Entscheidung gegen den Heimverein; die Unzufriedenheit der Mannschaft verband sich mit der der Zuschauer; der Trainer meckerte so lange, bis er von seiner Bank auf die Tribüne verwiesen wurde; die Heimmannschaft verlor das Spiel, und der Stadionsprecher dankte unmittelbar nach dem Abpfiff mit bitterem Sarkasmus dem Schiedsrichtergespann für seine ausgezeichnete und neutrale Leistung, während wir unter den Buhrufen und den Beschimpfungen der Zuschauer in unsere Kabine gingen. Den Ausflug hatten wir uns irgendwie anders vorgestellt.

Allerdings hatte der Verein einen Schiedsrichterbetreuer,

wie es ihn zu dieser Zeit, Mitte der 90er-Jahre, eben noch häufiger gab, einen Mann, der sich tatsächlich für uns interessierte. Einer, der zwar an seinem Verein hing, dem aber vollkommen klar war, dass kein Schiedsrichter absichtlich eine schlechte Leistung abliefert oder einen Verein vermeintlich oder tatsächlich vorsätzlich benachteiligt. Ein Mann also, der stets gleich höflich, freundlich und zugewandt war, ganz egal, ob sein Verein gewonnen oder verloren hatte.

Dieser Mann, Anfang 70, fuhr mit uns an jenem unglücklichen Tag nach dem Spiel hinunter in den Ort in eine Gaststätte, in der der Wirt uns mit den Worten begrüßte, er habe gehört, was oben im Stadion vorgefallen sei, er werde die Schiedsrichter heute nicht bedienen. Spätestens jetzt, das war uns klar, würde die Sache ein Nachspiel vor dem Sportgericht haben: der Trainer, der auf die Tribüne geschickt worden war; der Stadionsprecher, der die Atmosphäre noch angeheizt hatte, der Wirt – das war zu viel. Und die Anweisungen an uns Schiedsrichter sind diesbezüglich eindeutig: Wenn aufgrund von Vorfällen am Spielort eine Sportgerichtsverhandlung zu erwarten ist, hat das Gespann den Heimweg anzutreten. Also sagten wir dem freundlichen alten Herrn, der mit uns in unserem Auto saß, dass wir nun nach Hause fahren würden. Nein, sagte er, so etwas habe es hier noch nie gegeben und das werde es auch niemals geben, und er sagte das in diesem unverwechselbaren Westerwälder Dialekt, bei dem das R gerollt wird wie im Englischen. Wir würden, sagte er, jetzt zu ihm nach Hause fahren, da vorne gleich um die Ecke, und seine Frau würde uns etwas zu essen machen, das wäre gar keine Mühe.

Und wir? Wir blieben hart. Wir waren jung und wollten nichts falsch machen und uns nichts nachsagen lassen. Aber der alte Mann wurde zum Kleinkind. Er weigerte sich, aus dem Auto auszusteigen. Und als er merkte, dass nichts mehr zu machen war, dass wir seine Gastfreundschaft tatsächlich ausschlagen würden, weil wir glaubten, so handeln zu müssen – da fing er an zu weinen. Er weinte, weil er das als sein persönliches Versagen begriff. Er stieg weinend aus dem Auto und ging davon, und wir fuhren mit einem mulmigen Gefühl nach Hause. Schon zehn Jahre später, mit mehr Erfahrung, heute ohnehin, hätte jeder von uns die Situation gerettet, hätten wir uns anders verhalten. Aber damals glaubten wir, das Richtige, also das formal Korrekte getan zu haben. Drei Tage später fand der Schiedsrichter eine Postkarte in seinem Briefkasten, in einer großen, geschwungenen Handschrift geschrieben, mit der der Mann für seinen Verein und für sein Benehmen um Entschuldigung bat – er uns, dabei wäre es umgekehrt angebracht gewesen. Die Abwärtsbewegung hat der Verein aus dem Westerwald nicht mehr stoppen können. Er stieg ab und nochmal ab, die alte Geschichte, dann löste er sich auf. Der Nachfolgeverein spielt in der Kreisklasse. Auf dem traditionsreichen Sportgelände wiederum spielt ein Nachbarverein, der mit Hilfe eines potenten Sponsors in vier Jahren hintereinander vier Aufstiege hingelegt hat. Nicht nur das Leben, auch der Fußball kennt die ewige Wiederkehr des Gleichen, Auf- und Abwärtsbewegungen, die sich wiederholen. Der Schiedsrichterbetreuer ist schon vor Jahren gestorben. Es gibt kaum einen Menschen, der mir nur einmal begegnet ist und an den ich trotzdem so oft denken muss, immer nur blitzartig, in bestimmten Momenten, wenn mir an einem Sportplatz ein älterer Mann mit meinem Kabinenschlüssel in der Hand entgegenkommt. Zu solchen Menschen bin ich aus guten Gründen stets ausgesucht höflich.

Einmal war ich zu einem Kreisligaspiel an der Bergstraße. Das ist der südlichste Kreis in Hessen, dahinter beginnt Baden-Württemberg, und das hört man auch: Die Menschen singen hier eher, als dass sie sprechen. Wer schon einmal in Mannheim war, weiß, wovon ich spreche. Das kann einem, um ganz offen zu sein, auf dem Platz ganz wahnwitzig auf die Nerven gehen. Dann bekommt dieser Tonfall nämlich schnell etwas Jammerndes, Anklagendes. Die Vokale werden in die Länge gezogen, an jedes Wortende wird noch ein zusätzliches E angehängt, und schon nach einer halben Stunde befallen mich, wenn mir zum dritten Mal ein Spieler nicht nur hinterherläuft, sondern auch noch hinterhersingt: »Schiiiriiieeee, des wor doch Honde, hoste des net geseheeee?«, vollkommen ungerechtfertigte Aggressionen. Trotzdem fahre ich sehr gerne an die Bergstraße, weil die Menschen dort nämlich sehr freundlich und die Spiele zumeist fair und auf gutem Niveau sind, von den prächtigen Sportplätzen ganz abgesehen. Auch der in einem früheren Kapitel beschriebene Wald- und Bergsportplatz von Birkenau liegt an der Bergstraße.

An einem recht diesigen Oktobertag also ein Kreisligaspiel an der Bergstraße, in Ober-Abtsteinach. Ich kannte den Spielort und den Sportplatz noch nicht, meine Frau war dabei, die damals noch nicht meine Frau war, was nicht allzu oft vorkommt, und auch an diesem Tag gelang mir das nur mit dem Versprechen, nach dem Spiel weiterzufahren in ein Restaurant im Odenwald, um meine spärlichen Spesen gemeinsam mit ihr zu verfressen und zu vertrinken und anschließend dort zu übernachten. Kurzurlaub als Ablass für mein Hobby.

Wir kamen an in Ober-Abtsteinach, nicht zu verwechseln mit Unter-Abtsteinach, da sind die Einheimischen sehr streng, und wurden ungemein freundlich von einem älteren Herrn in Empfang genommen, der uns gleich sagte, was wir doch heute für ein Glück hätten, ausgerechnet zum Ober-Abtsteinacher Schlachtfest hier zu sein, das sei ein Jahreshöhepunkt des Vereins. Wir wussten von nichts. Aber wir meldeten an, dass wir dann später ja noch weiter in den Odenwald zum Essen ... Der ältere Herr guckte uns verschmitzt an und sagte, nein, er sang: »Glaub isch ned, dass Ihre nachher noch woannnerese hinwolled.« Er sollte recht behalten. Das Schlachtfest fand in einer Turnhalle oberhalb des Sportplatzes statt und war offensichtlich schon seit dem Morgen in vollem Gange. Der Sportplatz, ein alter, enger Hartplatz (mittlerweile in einen Kunstrasen umgebaut, versteht sich), lag in einer Senke, die Turnhalle stand an der Schmalseite oberhalb eines der beiden Tore, und vor der Sporthalle stand eine beachtliche Anzahl von Menschen, die nach ihrem Zustand zu folgern schon seit Stunden bei der Arbeit waren, sprich: am Schlachten und Feiern. Man weiß, dass das ohne Schnaps nicht geht.

90 Minuten lang peitschten die Leute vor der Sporthalle hinter dem Tor ihre Mannschaft nach vorne, mit Sprechgesängen und lauten »Hohoihoi«-Rufen. Die deutlich favorisierte und in der Tabelle auch weitaus besser plazierte Gastmannschaft verlor erst die Nerven, dann zwei Spieler wegen Tätlichkeiten mit der roten Karte und am Ende auch das Spiel, nicht zuletzt deshalb, weil sie auch noch zwei Elfmeter verschossen. Nach dem Duschen bat der Schiedsrichterbetreuer mich in die Turnhalle. Es war gegen 17.30 Uhr, und ich kam in eine Art südhessisches Oktoberfest-Szenario vom Feinsten hinein. Die Menschen saßen an langen Tischen und tranken Bier, vor allem aber hatten sie riesige Schüsseln köstlichsten Essens vor sich: Blutwürste, Leber-

würste, Wellfleisch, Bratwürste, Sauerkraut. Alles ganz frisch. Und hinter einer dieser Schüsseln guckte meine Frau sehr glücklich hervor. Uns war klar: Wir wollten heute nirgendwo mehr hin. Wir wollten in Ober-Abtsteinach bleiben.

Wir saßen. Wir aßen. Wir fraßen. Die Schüssel wurde nie leer. »Horschemoooo«, sagte der Schiedsrichterbetreuer, mittlerweile waren wir beim Du, und zu jedem Bier wurde automatisch ein Birnenschnaps serviert, »dei Frau will doch noch ä Broodworschd, des seh isch doch genouuu.« So ging es weiter. Die Einheimischen kamen und setzten sich zu uns an den Tisch, das Sauerkraut tat seine Wirkung, der Birnenschnaps auch. Es wurde ein herrlicher Abend. Wie und unter welchen Umständen wir am Ober-Abtsteinacher Schlachtfesttag wieder nach Hause gekommen sind, verrate ich nicht. Unser reizender Betreuer ist, wie könnte es anders sein, mittlerweile gestorben. Seine singenden Bratwurstavancen allerdings haben wir beide, meine Frau und ich, noch heute im Ohr.

An dieser Stelle ist es angebracht, ein kurzes Loblied zu singen auf eines der am meisten unterschätzten Gerichte überhaupt: die Bratwurst. Die Bratwurst ist in Form und Funktion im Grunde genommen nicht zu übertreffen. Sie ist universell einsetzbar, es braucht keinen großen Aufwand, um sie zu verzehren, ein Brötchen und ein Klecks Senf reichen aus. Selbstverständlich muss man sie, wie es auf guten deutschen Sportplätzen üblich ist, auf einen Holzkohlengrill legen und schön dunkelbraun werden lassen. Verboten ist es, sie in eine riesige, vor elektrisch beheiztem Fett triefende Wanne zu legen und dort zu ertränken. Wenn ich nach einem Spiel einen Hungerast habe und schnell etwas zu essen brauche, ist die Bratwurst immer für mich da. Wenn ich davon ausgehe, dass ich etwa 30 bis 40 Spiele pro Jahr pfeife und mir in etwa noch einmal so viele Spiele auf Sportplätzen anschaue, und dann wiederum davon ausgehe, dass ich fast immer eine Bratwurst esse, komme ich auf eine Zahl von mindestens 1500 Bratwürsten, die ich allein auf Sportplätzen und um Sportplätze herum gegessen habe. Dicke und dünne, grobe und feine, knusprige und fettige, freundlich servierte oder lieblos nach einem verlorenen Spiel auf einem Pappteller in der Umkleidekabine hingeknallte. Die Bratwurst ist zum Symbol einer funktionierenden Amateurfußballwelt geworden, die es so nicht mehr oder nur noch selten gibt. Es gibt einen Welt-Vegantag und einen Weltmagentag, es gibt einen Tag des deutschen Butterbrotes und einen Tag des Apothekers, einen Weltbaum- und einen Welttanztag, einen Tag der Rückengesundheit und einen Welttag des Stotterns. Trotz intensiver Recherchen habe ich aber keine Anzeichen für einen Tag der Bratwurst gefunden. Das ist ungerecht. Die Bratwurst ist die ewige Konstante im rasenden Wandel der Zeit.

Bei aller wohltuenden Nostalgie stellt sich aber dennoch die Frage: Wie und warum auch sollte der Amateurfußball unberührt sein von allgemeinen gesellschaftlichen Entwicklungen? Vor allem ist es, neben der spürbar zunehmenden Gewaltbereitschaft, das Geld, das auf den Sport ein- und sich auf seine Strukturen auswirkt. Geld in vielfacher Hinsicht. Ich weiß nicht, ob in den 60er-Jahren, in den Gründungsjahren der Bundesliga, in denen der Amateurfußball, glaubt man den Erzählungen der Alten, eine blühende Zeit hatte, tatsächlich kein Geld an Spieler in unteren Klassen geflossen ist. Ich halte es für möglich. Heute ist es allerdings bereits in der Kreisliga A so gut wie undenkbar, dass ein

Spieler auf den Platz geht, ohne dafür eine sei es auch noch so lächerliche Prämie zu kassieren. Das hört man immer wieder, wenn man sich mit Vereinsvertretern unterhält. Denen gefällt das ganz und gar nicht, zumal das Geld ja auch irgendwo herkommen muss. Aber es gibt offenbar nur zwei Möglichkeiten: mitmachen oder den Laden zusperren, genauer gesagt: die Mannschaft aus dem Spielbetrieb abmelden. Ich habe keine gesicherten Zahlen, aber ich würde doch vermuten, dass in der Kreisklasse der Schiedsrichter der schlechtbezahlteste Akteur auf dem Platz ist. Die Spieler, die auf dem Platz stehen, sind dann selbstverständlich auch zumeist keine Spieler mehr, die in irgendeiner Form mit dem Verein verbunden sind: Sie werden vor der Saison eingekauft, und wenn es nicht läuft, dann gehen sie eben wieder.

Schon in der Verbandsliga gibt es den einen oder anderen Verein, bei dem die Spieler zu den Spielen nur noch mit ihrem Kulturbeutel unter dem Arm anreisen. Schuhe, Hosen, Stutzen und Trikots werden ihnen in die Kabine gelegt, nach dem Spiel ein Handtuch, das sie anschließend in die große Wäschekiste werfen. Die Schuhe putzt das Mädchen für alles im Verein, das meistens ein Mann ist, der gleiche, der vor dem Spiel beim Gang auf das Spielfeld noch ein paar Bananen verteilt oder mit einer Packung Taschentücher in der Hand herumwedelt und die Spieler fragt, wer denn jetzt noch ein Tempo brauche. Jene Spieler, die unmittelbar nach dem Duschen und dem ausgiebigen Gebrauch ihrer Haargeltube in den frisch ratenfinanzierten Audi A3 steigen, um irgendwo feiern zu gehen, und zwar ganz gleich, ob das Spiel gewonnen oder verloren wurde, während oben in der Vereinsgaststätte die altgedienten Mitglieder beim Bier sitzen und sich darüber unterhalten, dass es sich ja gar nicht mehr lohne, sich die Namen der Spieler zu merken, so schnell seien sie wieder weg. Es gibt Vereine, die ihre Spieler zwangsverpflichten, sich nach dem Spiel mindestens noch eine Stunde lang für ein gemeinsames Essen aufzuhalten. Um Punkt 18 Uhr gibt es dann ein Geräusch, das einhellige Stühlerücken, zwei Minuten später ist der Mannschaftstisch so gut wie leer. Derjenige, der dann noch sitzt, ist wahrscheinlich der, der schon seit der F-Jugend hier spielt. Wie gesagt: Ausnahmen gibt es, wahrscheinlich noch nicht einmal so wenige. Aber die Tendenz ist nicht zu übersehen.

Vereine kommen und gehen mit ihren Sponsoren. Das ist in der Verbandsliga nicht anders als in der Bundesliga auch. Und es ist an sich auch kein Drama. Tradition ist kein Wert an sich. Aber die Begeisterungspotentiale, die sich um einen Verein herum anlagern können, entfalten sich in der Kreisklasse ebenso wie in der Regionalliga. Der FC Hanau 1893 beispielsweise ist der älteste Fußballvereins Hessens, ein Verein, dessen größte Zeit mindestens 50 Jahre, wenn nicht länger zurückliegt und dem zuletzt in den 70er-Jahren der Aufstieg in die zweite Liga gelang, bevor er in der Bedeutungslosigkeit verschwand. Heute pendelt der Verein regelmäßig zwischen siebter und achter Liga, zwischen Kreisoberliga und Gruppenliga – und trotzdem hat Hanau 93 eine treue und ungemein originelle Anhängerschaft, die tatsächlich mit großen Fahnen und Bengalos (ja, ich weiß, die sind ganz böse) an den Dorfsportplätzen stehen und ihr Team anfeuern (und sich selbst feiern). Als ihr Verein in einer rabenschwarzen Saison 1994 erneut abstieg, ohne einen einzigen Sieg, begleiteten die Fans die Mannschaft tatsächlich am letzten Spieltag in ein Dorf im tiefsten Spessart. Beim 0:2, dem 100. Gegentor der Saison, veranstalteten die Fans eine Polonaise rund um den Platz. Als der Schiedsrichter dann beim Stand von 0:5 tatsächlich einen

Elfmeter für Hanau pfiff (aus Mitleid, sagen die einen; »um mal zu gucken, was passiert, wenn wir ein Tor schießen«, so steht es auf der Homepage des Fanclubs) und dieser auch noch verwandelt wurde, wurde aus lauter Begeisterung sogar kurzzeitig das Spielfeld gestürmt. Auch so kann man mit Niederlagen umgehen.

Und so unglaublich es ist: Manchmal hat der Fußball auch noch die Kraft, so etwas wie regionale Identität zu schaffen. Mein bester und ältester Schiedsrichterfreund wurde tatsächlich einmal zum unfreiwilligen Protagonisten einer Bürgerbewegung der besonderen Art: Kurz vor dem Ende der Saison war er eingeteilt für ein Spiel, das für beide Mannschaften von großer Bedeutung war: Beide Clubs kämpften gegen den Abstieg, sowohl der Heimverein, ein Verein aus der Stadt, als auch die Gäste, ein klassischer Dorfclub. Wer heute verlieren würde, das war klar, konnte sich schon einmal mit dem Abstieg arrangieren. Die Verhältnisse waren erstaunlicherweise recht schnell klar: Der Stadt-Heimverein schoss das erste Tor, dann das zweite. Der Frust bei den Gästen wuchs, sie wehrten sich mit überharten Mitteln, kassierten den ersten Platzverweis und dann den zweiten, und irgendwann, so der allgemeine Eindruck, nicht nur beim Schiedsrichtergespann, sondern auch unter den neutralen Zuschauern (ich selbst habe das Spiel nicht gesehen, sondern kenne all das nur aus zuverlässigen Erzählungen), versuchten die Gäste ganz offensichtlich, einen Spielabbruch zu provozieren, um wenigstens ihr Torverhältnis nicht allzu dramatisch zu verschlechtern. Sie reklamierten und beleidigten und traten nach allem, was nicht schnell genug weglief. Mein Freund hatte keine Chance. Irgendwann waren es nur noch sechs Gästespieler.

Allerdings ist es ein weitverbreiteter Irrtum, dass das

Spiel in diesem Augenblick zu Ende ist. Zu Beginn des Spiels müssen mindestens sechs Spieler plus ein Torhüter auf dem Feld sein. Danach nicht mehr, danach genügen zwei, die noch den Anstoß ausführen können. Das Spiel lief also weiter. Die Gastmannschaft holte sich eine Packung ab, die gerade eben so noch nicht zweistellig war, wohl auch, weil die Heimmannschaft, die ja nur gewinnen musste, sonst nichts, gnädig war. Und nun begann das Rumoren. In jenem gebeutelten Dorf erhob sich ein Sturm der Entrüstung. Hessenweit, so hieß es, stehe man jetzt als unsportlicher Verein da (zu Recht, wenn man mich fragt); eine Bürgerinitiative »Pro D.« gründete sich; der Name meines Schiedsrichterfreundes wurde dort in der Region zu einem Synonym für die Ungerechtigkeit und Bösartigkeit der Welt. Über Wochen ging das durch die Zeitungen. Allein – es half nichts. Der Verein stieg ab. Immer weiter und weiter. Heute spielt er in der Kreisliga A. Und nur ein einziges Mal meine ich es despektierlich, wenn ich sage: Genau dort gehört er auch hin.

Weniger einheimische Spieler bedeuten selbstverständlich auch weniger Zuschauer. Aber es gibt noch einen anderen Grund für die nachlassende Attraktivität des Amateurfußballs: Es gibt einfach zu viel Fußball. Als ich meinen ersten Einsatz als Linienrichter in der höchsten hessischen Spielklasse, die seinerzeit Oberliga Hessen hieß, hatte, war das die dritte Liga, und ein Verein stieg von dort direkt in den Profifußball auf. Heute ist die Hessenliga die fünfte Liga; der DFB hat zwei Spielklassen dazwischengeschaltet, auf Wunsch der Profivereine, die ihre Nachwuchsmannschaften mehr fordern wollten.

Und jede dieser Spielklassen ist täglich irgendwo in einem Fernsehprogramm zu sehen. Ganz egal, an welchem

Tag man den Fernseher anschaltet – es gibt Live-Fußball, Europa League, Champions League, Erste und Zweite Bundesliga, Topspiel, Spitzenspiel, das Sonntagsspiel, das Sonntagabendspitzenspiel, das Bayern-Freundschaftsspiel in Saudi-Arabien. Auch das ist natürlich eine Frage des Geldes. Früher hieß Bundesliga: Samstag, 15.30 Uhr. Heute ist der Spieltag auf drei Tage und insgesamt fünf Zeitebenen aufgesplittert. Die Aufteilung war klar: Samstags spielen die Profis, am Sonntag die Amateure. Wer aber schaut sich heute noch am Sonntag um 15 Uhr ein Spiel in der Verbandsliga an, wenn er parallel dazu in der Kneipe oder zu Hause im Bezahlfernsehen Eintracht Frankfurt gegen Bayern München sehen kann? Idealisten, Traditionalisten, Spinner. Oder Enttäuschte. Gerade auf die muss man bauen. Auf die, die zurückkommen. Denen muss man dann aber auch etwas bieten.

Und es ist nicht so, als läge der Amateurfußball in seinen letzten Zuckungen am Boden. Ich habe nur versucht, eine Tendenz zu beschreiben. Und für mich sind die Geschichten, die der Amateurfußball schreibt, in mich hineingeschrieben hat, die weitaus eindringlicheren als meine Bundesliga- und Nationalmannschafts-Zuschauererlebnisse. Selbst wenn auch diese Geschichten manchmal mit Geld zu tun haben, wenn auch nur indirekt. Ich sagte, dass noch nie jemand versucht habe, mir Geld zu bieten. Das stimmt fast. Mit einer Ausnahme, aber die zählt nicht.

Als wir einmal nach einem Spiel und nach dem Essen vom Vereinsheim in Richtung Auto gingen, kam uns ein Mann nachgelaufen. Er war eindeutig betrunken. Er schwankte. Vielleicht hatte er gefeiert. Denn der Heimverein hatte zum ersten Mal seit längerer Zeit wieder mal ein Spiel gewonnen, ziemlich hoch sogar. Der Mann rief also so etwas wie:

»Jungs, wartet doch mal kurz!« Der Höflichkeit halber blieben wir stehen, bis er uns in seinem Torkelgang eingeholt hatte. »Super wart ihr heute«, sagte er. Beziehungsweise er versuchte es zu sagen, denn das Zusammenspiel von hessischem Dialekt und Alkohol am Nachmittag ergab eine etwas andere Lautfolge: »Subbäwardihrheid.« Und: »Däsmussbelohntwere.« Dann zog er ein Geldbündel aus der Tasche. Mittlerweile wurde uns die Sache ein wenig unangenehm. Das sei doch nicht nötig, sagten wir, und dass wir ja nun unsere Spesen schon erhalten und noch dazu gut gegessen hätten. Aber er war nicht zu belehren. Den ersten Fünfziger, Deutsche Mark, wohlgemerkt, steckte er mir in die Brusttasche, zurücknehmen wollte er ihn nicht. Wir verabschiedeten uns höflich und liefen in Richtung Parkplatz, er hinterher, und weil er nicht schnell genug war, aber sein Geld unbedingt loswerden wollte, warf er es uns einfach in 50er-Portionen hinterher. »Kauft euch was Schönes«, schrie er, »kauft euren Frauen Blumen, geht einen trinken.« Er stakste hinter uns her und warf mit großen Geldscheinen, irgendwann drehte er ab und taumelte den Berg hinunter in Richtung des Dorfes und hoffentlich in Richtung seines Bettes.

Kaum war er außer Sichtweite, sammelten wir das Geld ein und trugen es in die Vereinskneipe zurück, wo wir es dem Wirt übergaben. Der wusste Bescheid. »Ach, das war der Lothar«, sagte er, »der macht manchmal so Sachen, wenn er gute Laune hat. Ich geb's ihm zurück. So dicke hat der es nämlich gar nicht.« Das war 1999. Vor wenigen Wochen war ich zum ersten Mal seitdem wieder dort. Dieses Mal verlor die Heimmannschaft; trotzdem behandelte man uns ausgesprochen herzlich, weil wir nun wirklich für nichts verantwortlich zu machen waren. Ich erzählte an der Theke die Geschichte mit den Geldscheinen, und die Leute um uns herum lachten. »Ach, das war der Lothar«, sagten sie, und mir war klar, was jetzt kommen würde (denn wenn der Lothar sein Trinkverhalten in den vergangenen 15 Jahren nicht gemäßigt haben sollte, dürfte er mittlerweile jenen Weg gegangen sein, den wir alle irgendwann gehen müssen), »der ist heut nicht da, der ist auf Gran Canaria.«

Und in diesem Moment war ich aus verschiedenen Gründen so wahnsinnig erleichtert. Darüber, dass noch nicht alle, mit denen ich einmal zu tun hatte, tot sind und also ich auch noch nicht ganz zum alten Eisen gehöre. Darüber, dass ich nicht der Einzige hier war, der den Lothar überhaupt noch kannte. Darüber, dass der Lothar jetzt auf Gran Canaria in der Sonne lag und nicht das Elend seiner Mannschaft an diesem Tag angucken musste. Ich bestellte einen Schnaps und trank ihn mit den Einheimischen an der Theke. Auf den Lothar.

SCHLAF FINDEN
Die Pfeife schweigt.
Über Fehlentscheidungen

Was, um Himmels willen, hast du getan? Und was tust du jetzt? Da liegt ein Spieler im Strafraum am Boden, und du hast gepfiffen, und hinter dem Spieler steht sein Gegenspieler und schaut erschrocken, schaut dich erschrocken an, und zwar nicht mit diesen gespielt weit aufgerissenen Augen, mit diesem fassungslosen Blick, mit italienischer Unschuldsmiene, sondern wirklich erschrocken, und du darfst dir jetzt nicht anmerken lassen, dass du noch erschrockener bist als er, weil dir die Pfeife losgegangen ist, einfach so, viel zu schnell, viel zu früh, ein Reflex, 88. Spielminute, Spielstand 0:0, zwei Spieler gehen zum Kopfball hoch, der eine vorne, der andere hinter ihm, und der vorne geht schreiend zu Boden, man kann's ja mal probieren so kurz vor Schluss, und du bist drauf reingefallen, hast dich täuschen lassen, und ein Pfiff ist ein Pfiff, den nimmst du nicht zurück, der geht nicht wieder weg, den haben alle gehört. Was also nochmal, um Himmels willen, machst du jetzt?

All diese Gedanken, innerhalb einer Sekunde schießen sie

durch den Kopf, in jener Sekunde nach dem Pfiff, in der es still ist auf dem Sportplatz und alle auf dich schauen, weil du ja die Aufmerksamkeit auf dich gelenkt hast. Eine Sekunde hast du noch, um nachzudenken, wie du das umbiegen, von dir wegbiegen kannst. Stürmerfoul kannst du nicht pfeifen, da war nun wirklich gar nichts, Abseits sowieso nicht, der Assistent hatte die Fahne nicht gehoben, kein Ausweg möglich, also geht die rechte Hand nach vorne, zeigt in die Mitte des Strafraums, auf den berüchtigten Punkt, die zwei Schrecksekunden sind vorbei, und jetzt wird es laut, draußen, drumherum und drinnen, auf dem Spielfeld; jetzt kommen sie auf dich zugelaufen, obwohl sie wissen, dass sich nichts ändern wird dadurch. Kein Schiedsrichter nimmt so eine Entscheidung zurück, du läufst also rückwärts in Position, und sie kommen auf dich zu, mit ausgebreiteten Händen und verschwitzten Gesichtern. Sie haben sich angestrengt, 88 Minuten lang, sind am Rand ihrer Kräfte, keuchen können sie noch, schreien auch noch. Sie sind aber schon im Korridor, für sie gibt es nur noch null oder eins, schwarz oder weiß, für ein Dazwischen reicht die Energie nicht mehr. Nicht ohne Grund werden etwa 80 Prozent aller Platzverweise in den letzten zehn Minuten eines Spiels ausgesprochen.

Jetzt stehen sie also vor dir, sagen, schreien Sachen wie »Das gibt's doch nicht« und »Das ist doch wohl nicht Ihr Ernst« (immerhin, das Sie steht noch, deine Autorität ist noch nicht komplett gekippt), und du musst sie jetzt da wegschicken, obwohl du untergründig spürst, dass sie recht haben oder zumindest recht haben könnten, also greifst du an die Brusttasche und nimmst die gelbe Karte schon einmal vorsichtig zwischen Daumen und Zeigefinger, hebst sie an, damit auch die, die vor dir stehen, sie sehen können, und es funktioniert, einer winkt ab, dreht sich um, geht weg, draußen ruft der Trainer etwas, einer steht immer noch da und du sagst etwas, und dann ist auch er weg. Dann liegt der Ball auf dem Punkt, der Torhüter steht auf der Linie, du pfeifst, und der Ball liegt im Tor. Zwei Minuten später ist Schluss, der Spielführer ruft noch etwas wie »Jede Woche dasselbe«, der Trainer kommt auf den Platz und gibt dir die Hand, sogar das, und sagt etwas von einer guten Leistung bis zur 88. Minute, dann gehst du mit den Assistenten in Richtung Kabine, da steht noch ein einzelnes altes Männlein und erhebt drohend seinen Schirm in deine Richtung, ruft etwas von sich schämen, dann endlich in der Kabine, betretenes Schweigen, weil alle drei wissen, was los ist. Du wirst abends im Bett liegen, und die Szene wird sich immer wieder vor deinem inneren Auge abspulen, du wirst davon träumen, und am nächsten Morgen wirst du in der Zeitung lesen, was du schon wusstest, das Wort wird da stehen, zitiert aus dem Kommentar des Trainers. Es heißt: Fehlentscheidung.

»We are not God.« Das ist der Satz, mit dem der Schweizer Schiedsrichter Massimo Busacca im Jahr 2008 nach dem Abpfiff des Europameisterschaftsspiels Schweden gegen Griechenland dem griechischen Spielführer die Hand entgegenstreckt. Und er fügt hinzu: »We all make mistakes.« Zwei Binsenweisheiten. Und trotzdem kamen sie im richtigen Augenblick. Der Spielführer schüttelt dem Schiedsrichter die Hand, klopft ihm auf die Schulter und dreht sich ohne weitere Worte ab. Das Spektrum an Fehlern, die einem Schiedsrichter unterlaufen können, ist nahezu unendlich. Es passiert ja beinahe in jeder Sekunde des Spiels etwas Neues. Und immer, wenn etwas passiert, muss man eine Entscheidung treffen.

Meistens sind diese Entscheidungen von geringer Bedeutung, und zwar nicht nur gemessen am Weltenlauf allgemein, sondern auch im Hinblick auf das Spiel selbst. Freistoß im Mittelkreis ja oder nein, Einwurf an der Mittellinie nach rechts oder nach links – in den seltensten Fällen gibt es da ein Problem. Ein Problem gibt es entweder dann, wenn die umstrittenen Entscheidungen sich häufen oder wenn sie Konsequenzen haben, also daraus ein Tor fällt oder eben nicht anerkannt wird. Ein Spiel schaukelt sich hoch; erst kommt die erste Entscheidung, mit der die Spieler nicht einverstanden sind, dann die zweite; das Publikum beginnt zu murren und wird laut, die ersten Beschimpfungen kommen; das macht die Spieler noch aggressiver, und jetzt ist der Schiedsrichter gefragt, diese Schieflage zu korrigieren, das Spiel wieder ins Lot zu bringen.

Kürzlich traf ich in einer Apfelweinwirtschaft zufällig einen Schiedsrichterkollegen, der, einige Jahre jünger als ich, plötzlich nicht mehr in den Spielansetzungen aufgetaucht war. Ich fragte ihn, was passiert sei, und er erzählte, dass seine Spiele ganz allmählich unruhiger geworden seien, dass er sie nicht mehr im Griff gehabt habe, dass er selbst an seinen Entscheidungen gezweifelt habe. Immer öfter sei von draußen der Ruf gekommen, der ja so oft kommt: »Bist du blind, oder was?«, und eines Tages habe er diese Zurufe einmal wörtlich genommen und sei zum Augenarzt gegangen, mit einem verblüffenden Ergebnis: Der Kollege war tatsächlich an einem recht seltenen Augenleiden erkrankt. Seine Sehkraft hatte kontinuierlich nachgelassen. Nachdem er operiert worden war, liefen seine Spiele wieder so reibungslos wie zuvor auch.

Und auch wenn bösartige Kommentatoren behaupten könnten, der blinde Schiedsrichter sei der Regelfall und selbst wenn wir in unserer selbstoptimierten Gesellschaft permanent an der Abschaffung des Unperfekten arbeiten: Was wäre der Fußball denn ohne Fehlentscheidungen? Worüber wird denn am Samstagabend erbitterter diskutiert als über vermeintlich falsche Pfiffe? Sicher, mal trifft ein Spieler aus 70 Metern ins Tor, ein Trainer wird entlassen oder ein paar enttäuschte Fans hindern den Mannschaftsbus am Verlassen des Stadiongeländes, aber auf lange Sicht bleibt doch nichts so sehr im kollektiven Fangedächtnis hängen wie eine falsche Schiedsrichterentscheidung, besonders dann, wenn sie auch noch spielentscheidend war.

Fehlentscheidungen sind, man kann das auch positiv sehen, der Zündstoff, der die Flamme des Mythos Fußball immer wieder anfacht. Nicht dass wir Schiedsrichter darüber glücklich wären. Aber verhindern lässt es sich eben auch nicht. Ganz spontan: Woran denkt man, wenn man an die Weltmeisterschaft 1966 denkt? An das Tor von Wembley. Die Engländer behaupten bis heute, der Ball sei im Tor gewesen, damit stehen sie ziemlich allein, aber den Namen des Schiedsrichters, Gottfried Dienst, wissen noch heute viele, die sonst nicht mehr viel wissen. Wembley und das dazugehörige Tor haben auf beiden Seiten, in Deutschland wie in England, eine Art nationale Identitätsbildung erzeugt, durch den Weltmeistertitel auf der einen und durch die tragische Niederlage auf der anderen Seite. Das dürfen sich Gottfried Dienst und sein sowjetischer Linienrichter Tofik Bachramov zugutehalten lassen: Beide sind längst tot, aber der Mythos vom Wembley-Tor ist noch immer höchst lebendig und bekam, das ist eine Ironie des Fußballschicksals, bei der Weltmeisterschaft 2010 in Südafrika neue Nahrung:

Beim Achtelfinale zwischen Deutschland und England drosch Frank Lampard den Ball beim 2:1 für Deutschland an die Unterkante der Latte, von dort sprang der Ball deutlich hinter die Torlinie und dann wieder aus dem Tor heraus. Der uruguayische Schiedsrichter Larrionda und sein Team hatten die Szene falsch beurteilt und ließen das Spiel weiterlaufen; Deutschland gewann mit 4:1. Eine der goldenen Schiedsrichter-Grundregeln (auch sie möglicherweise ein Resultat von Wembley 1966), nämlich die, dass ein Ball, der von der Latte nach unten aufspringt, so gut wie niemals im Tor ist, hatte in diesem Fall nicht gegriffen. Vier Jahre später, bei der Weltmeisterschaft in Brasilien, hätte das nicht passieren können, weil dort die Torlinientechnik erstmals bei einem großen Turnier zum Einsatz kam.

Wenn wir aber schon bei Lattenschüssen und zweifelhaften Toren sind: Der spektakulärste Fall dieser Art ist nicht ganz so bekannt geworden, weil er sich in der Zweiten Bundesliga abspielte und keine weiteren Folgen hatte. Am 17. Januar 2010 spielte der MSV Duisburg gegen den FSV Frankfurt. Beim Stand von 4:0 für Duisburg schoss der Duisburger Spieler Christian Tiffert aus ungefähr 18 Metern auf das Frankfurter Tor. Der Ball traf die Latte und prallte, so haben es spätere Berechnungen ergeben, etwas mehr als einen Meter vor der Torlinie im Fünfmeterraum auf. Ein Meter. Das ist eine ganze Menge, wenn man bedenkt, dass wir sonst möglicherweise über Millimeter-Entscheidungen sprechen. Der Ball tippte also auf, und eine Sekunde später hob der Assistent die Fahne und spurtete in Richtung Mittellinie, das klare Signal für eine Torerzielung. Der Schiedsrichter folgte der Entscheidung seines Assistenten und entschied auf Tor; es war das 5:0 und tat niemandem mehr weh. Die Spieler beider Mannschaften waren fassungslos, der Duisburger Trainer an der Seitenauslinie kam aus dem Lachen nicht mehr heraus.

Alle, wirklich alle im ganzen Stadion hatten gesehen, dass der Ball nicht im Tor war. Der Kommentator des Deutschen Sportfernsehens sprach davon, dass der Assistent nicht nur Tomaten, sondern ganze Wagenladungen von Melonen auf den Augen gehabt haben müsse, und er hatte damit ja auch irgendwie recht. In diesem Augenblick ein einwandfreies Tor gesehen haben zu wollen, und nur dann darf der Assistent die Fahne heben, lässt sich nur mit einer augenblickhaften Wahrnehmungsverschiebung erklären. Was auch immer der Mann da draußen in jener Sekunde vor seinen Augen hatte, Tomaten, Melonen oder ein anderes Fußballspiel – er hat eine der unglaublichsten Entscheidungen der Fußballgeschichte getroffen.

Die Szene ist hochinteressant, weil sich an ihr die Psychologie einer Fehlentscheidung in all ihren Facetten wunderbar beleuchten lässt. Erste Frage, die naheliegendste und nicht zu beantwortende: Was hat der Mann an der Seitenlinie sich gedacht? Man kann es nicht sagen. Es wird erzählt, noch in der Kabine sei er felsenfest davon überzeugt gewesen, dass der Ball die Torlinie überschritten habe. Als man ihn dann mit den Fernsehbildern konfrontiert habe, sei er beinahe in Ohnmacht gefallen, und das kann ich sehr gut verstehen. Zweitens: Wenn die Entscheidung des Assistenten so deutlich falsch war – warum hat der Schiedsrichter den Mann mit der Fahne nicht überstimmt? Die Antwort ist einfach: weil der Assistent bestens postiert war und freie Sicht hatte und weil man als weniger gut stehender Schiedsrichter in einem solchen Fall dazu neigt, eher anzunehmen, dass man selbst einem krassen Wahrnehmungsfehler unterlegen sei als der hochqualifizierte Kollege da draußen. Dafür steht der schließlich da. Und er ist sich sicher. Und ganz auszuschließen ist es ja nicht, dass er recht hat. Also folgt man der Entscheidung. So hätte ich es auch gemacht. Für einen Schiedsrichter hat also eine Fehlentscheidung, und mag sie objektiv betrachtet noch so deutlich oder gar kurios sein, stets eine innere Logik.

So etwas Ähnliches muss sich vielleicht auch der Bremer Schiedsrichter Hans-Joachim Osmers gedacht haben an jenem 23. April 1994, an dem der Münchener Abwehrspieler Thomas Helmer das groteskeste Tor seiner Laufbahn erzielte, das berühmte Phantomtor gegen den 1. FC Nürnberg. Jeder Fußballfan wird die Szene noch im Kopf haben, das Gewurschtel im Fünfmeterraum, der Nürnberger Torhüter Andreas Köpke bereits am Boden, Helmer, der es in einer merkwürdigen Verrenkung seiner Beine tatsächlich fertigbrachte, den Ball einen Meter vor der Torlinie stehend mit der Hacke ins Toraus zu befördern – und dann der sehr weit entfernt stehende Linienrichter Jörg Jablonski, der in einer auch in diesem Fall nicht erklärbaren Kurzschlussreaktion die Fahne hob (was er seinerzeit noch gar nicht durfte; die Kompetenz, ein Tor mit erhobener Fahne anzuzeigen, wurde den Linienrichtern erst zugesprochen, als sie 1996 offiziell zu Schiedsrichterassistenten befördert und mit weiterreichenden Befugnissen ausgestattet wurden). Schiedsrichter Osmers erkannte also auf Tor, Bayern München gewann das Spiel mit 2:1.

Daraufhin geschah etwas Einmaliges in der Geschichte der Fußballbundesliga: Das DFB-Sportgericht annullierte die Wertung der Partie und ordnete ein Wiederholungsspiel an, das die Bayern mit 5:0 gewannen. Der 1. FC Nürnberg stieg aus der Bundesliga ab, nicht zum ersten und nicht zum letzten Mal, weitaus bemerkenswerter an diesem Vorgang war also der Umstand, dass der DFB ein Heiligtum des Regelwerks ins Wanken gebracht hatte: die Tatsachenentscheidung.

Die Tatsachenentscheidung des Schiedsrichters ist bei vielen Fans und auch in den Medien mittlerweile zu einem Schimpfwort und zu einem Symbol für die vermeintlich gottgleiche Unangreifbarkeit der Schiedsrichter geworden. Ich wäre bereit, die Tatsachenentscheidung in jeder Diskussion und auf jedem Podium dieser Welt zu verteidigen. Vor allem deshalb, weil ich dazu keine Alternative sehe, es sei denn, man wolle ein anderes Spiel mit anderen Regeln haben.

Als der DFB seinerzeit das Spiel aufgrund des Helmer-Tores neu ansetzte, drohte die FIFA daraufhin mit dem Ausschluss deutscher Mannschaften aus internationalen Wettbewerben. Eine Entscheidung ist eine Entscheidung ist eine Entscheidung. Und dabei sollte es auch bleiben. Jetzt kann man einwenden: Warum sollte man nicht während eines laufenden Spiels einen Fehler des Schiedsrichters korrigieren? Auch darauf gibt es wieder mehrere Antworten. Erstens: weil oft, und zwar trotz diverser Kameraeinstellungen, nicht eindeutig festzustellen ist, welche Entscheidung richtig oder falsch ist. Zweitens: weil das den Charakter des Spiels entscheidend verändern würde. Ich finde American Football stinklangweilig. Ich verstehe die Regeln nicht. Vor allem aber wird das Spiel ständig unterbrochen. Noch schlimmer: Eishockey. Eine grauenhaft öde Sportart. Das Tolle am Fußball ist seine Rasanz, sind die schnellen Wendungen, die ein Spiel nehmen kann, das Auf und Ab, die Überraschungsmomente. Es gibt überhaupt nichts dagegen zu sagen, Technik dort einzusetzen, wo sie auch sinnvoll ist.

Eine Torlinientechnik, mit deren Hilfe ein Schiedsrichter in der Lage ist, eindeutig zu bestimmen, ob der Ball im Tor war oder nicht, ist großartig. Es gibt keinen Grund, sich dagegen zu wehren. Aber sonst?

Man kann ja einfach einmal einen klassischen Fall durchspielen, um zu der Erkenntnis zu gelangen, dass der immer wieder geforderte sogenannte Videobeweis nicht realisierbar ist. Ein Spieler erhält einen Pass und läuft frei auf das Tor zu. Der Assistent hebt die Fahne, der Schiedsrichter pfeift. Ein Pfiff unterbricht das Spiel, da ist nichts mehr zu machen. Jetzt fordert die Mannschaft des Stürmers einen Videobeweis, der ergibt, dass die Abseitsentscheidung falsch ist. Und nun? Kann es nur einen Schiedsrichterball geben, die einzig mögliche Spielfortsetzung bei einem Irrtum des Schiedsrichters. Wo ist der Vorteil? Wo ist der Nutzen, außer der Genugtuung?

Und noch einmal: Was verbindet man mit dem Namen Diego Maradona, ganz spontan? Den traurigen dicken Mann, der bei der Weltmeisterschaft 2010 in Südafrika an der Seitenlinie stand und von der deutschen Mannschaft aus dem Turnier geschossen wurde? Die groteske Gestalt, die mit weit aufgerissenen Augen auf die Kamera zustürzte, als sie bei ihrem letzten Comeback als Spieler noch einmal ein Tor erzielte? Oder jenen Augenblick im Viertelfinale der Weltmeisterschaft 1986, in dem er neben dem englischen Torhüter Peter Shilton hochsprang und den Ball mit der Faust ins Tor beförderte, unbemerkt vom Schiedsrichter, die Hand Gottes, einer der Momente der Fußballhistorie, die bleiben werden, möglich geworden erst durch die Fehlleistung des Schiedsrichters und seiner Linienrichter. Wie profan wäre diese Szene geendet, wenn alles mit rechten Dingen zugegangen wäre: ein Pfiff, eine gelbe Karte, ein Freistoß. Niemand würde heute mehr darüber reden. Falsche Schiedsrichterentscheidungen sind der Nährboden für die Legenden und großen Erzählungen des Fußballs, sagt der Pathetiker. Falsche Schiedsrichterentscheidungen sind scheiße, aber unvermeidbar, sage ich.

Ganz besonders schrecklich wird eine falsche Entscheidung, wenn sie mit Absicht getroffen wurde. Diesen Fall gab es in der Geschichte der Fußballbundesliga ein einziges Mal, jedenfalls ist er lediglich ein einziges Mal dokumentiert, und mir ist bewusst, dass Millionen von Fußballfans seitdem felsenfest davon überzeugt sind, an jedem Wochenende würden Bundesligaspiele von Schiedsrichtern manipuliert, was ich für vollkommenen Unsinn halte. Die Affäre um Robert Hoyzer allerdings war nicht nur für mich, sondern für alle meine Kollegen im Amateurbereich unfassbar. Der Sündenfall schlechthin. Nie, niemals hätten wir gedacht, dass einer von uns, schon gar nicht einer, der es als vergleichsweise junger Schiedsrichter bereits bis an die Spitze geschafft hatte, sich bestechen lassen würde.

Und weil der Gedanke in meinem Kopf überhaupt nicht vorhanden war, saß ich, daran erinnere ich mich noch genau, an jenem 21. August 2004 vor dem Fernseher, sah in der Sportschau die Zusammenfassung des DFB-Pokalspiels zwischen dem SC Paderborn und dem Hamburger SV und wunderte mich ein wenig. Ich dachte, und zwar genau in dieser Reihenfolge: Wie kann man sich als Profimannschaft von einem Amateurverein nach einer 2:0-Führung noch derart die Butter vom Brot nehmen lassen? Wie bescheuert muss man als Profispieler und Nationalspieler sein, um einem Schiedsrichter, an den Lippen des Hamburgers Emile

Mpenza war es deutlich abzulesen, gleich zweimal hintereinander das Wort »Arschloch« ins Gesicht zu sagen? Und, und das war erst der dritte Gedanke, so ganz glücklich war der Kollege Hoyzer mit seinen beiden Strafstoßentscheidungen gegen den HSV ja nun auch nicht. Der vierte Gedanke allerdings, der war von Anfang an da: mit welcher Selbstverständlichkeit der Spieler von Paderborn, der sich im Strafraum einfach mal hatte hinfallen lassen, die zweifelhafte Elfmeterentscheidung hingenommen hatte, so als stünde sie ihm zu.

Im Nachhinein wird das alles deutlich, bekommt einen inneren Zusammenhang: Hoyzer, von der Berliner Wettmafia mit Geldgeschenken und Plasmabildschirmen (meine Güte, ist das lächerlich) ausgestattet, hatte, so hat er es später in seinen diversen eitlen Talkshowauftritten in einer Mischung aus gespielter Zerknirschtheit und unverhohlenem Stolz auf seine historischen Leistungen erzählt, den Tipp bekommen, dass der Paderborner Spielführer eingeweiht war. Als das Spiel begann, gegen ihn, also für den HSV, zu laufen, rief Hoyzer dem Spielführer, Thijs Waterink hieß der Mann, zu: »Mann, jetzt mach doch mal was.« Waterink begriff und fiel hin, Hoyzer pfiff, das Blatt wendete sich.

Bereits drei Monate zuvor hatte Hoyzer vergeblich versucht, ein Spiel zu manipulieren: Die Begegnung zwischen Paderborn und Chemnitz in der Regionalliga stand kurz vor der Halbzeitpause noch 0:0, gewettet war aber auf eine Paderborner Führung bereits zur Halbzeit. Nach einem Foul unmittelbar an der Strafraumgrenze entschied Hoyzer auf Strafstoß – und wurde von seiner aufmerksamen Assistentin an der Seitenlinie korrigiert, die erkannt hatte, dass das Vergehen außerhalb des Strafraums stattgefunden hatte. Die Manipulation schlug fehl, Hoyzer ging leer aus. Ironischerweise hatten die Wettpaten in diesem Spiel eigens einen Chemnitzer Spieler dafür bezahlt, Elfmeter zu verursachen. Zwar gab es auch zwei Strafstöße, allerdings nicht verursacht von jenem angeheuerten Steffen Karl, einem gestandenen ehemaligen Bundesligaprofi. Der wurde später zu einer Gefängnisstrafe auf Bewährung verurteilt.

Im Amateurbereich, jedenfalls in den unteren Spielklassen, gehen die Uhren noch anders, davon bin ich fest überzeugt. Was nicht heißt, dass es nicht auch dort immer wieder zu krummen Spielen kommen kann. Ich glaube nur, dass das dort die Vereine untereinander regeln. Denn ich schwöre: Noch nie, kein einziges Mal und auch nur andeutungsweise, hat mir in den mittlerweile knapp 27 Jahren, in denen ich als Schiedsrichter auflaufe, ein Verein, ein Spieler, ein Funktionär ein Angebot gemacht, ein Spiel zu verschieben. Noch nie. Und ich habe auch noch nie einen Kollegen von einem derartigen Angebot reden hören. Und wir Schiedsrichter sind Klatschbasen. Das würde niemals unter der Decke bleiben. Irgendeiner würde sich immer großtun. Also würde ich die mutige These aufstellen, dass es in der Kreisliga keine bestochenen Schiedsrichter gibt. Wenn wir Unsinn zusammenpfeifen, dann darum, weil wir es nicht besser können.

Die leistungsunterstützenden Maßnahmen treffen die Vereine da eher untereinander: Schon manchmal seltsam zu sehen, wie sich in der Kreisliga Mannschaften, für die es um rein gar nichts mehr geht, weder um den Auf- noch gegen den Abstieg, am Saisonende plötzlich in die Bresche werfen, als stünde ihre Existenz auf dem Spiel. Da hat dann eben der unmittelbare Konkurrent des Gegners vor dem Spiel einmal vorgesprochen und eine kleine Motivationsspritze gesetzt: ein paar Kästen Bier, direkt in die Kabine geliefert; ein kleines Grillfest, ausgerichtet vom Sponsor, der zufällig Metzger ist; ein All-inclusive-Wochenende am Ballermann, bezahlt vom örtlichen Reisebüro. Das hört man immer mal wieder so. Und verboten ist es auch nicht – was sollte verboten daran sein, einer Mannschaft eine Belohnung dafür zu versprechen, dass sie sich anstrengt und das Spiel gewinnt?

Überhaupt haben Fehler, die ein Schiedsrichter macht oder vielleicht auch nicht, in den Amateurklassen, wo keine Kameras stehen, ein völlig anderes Gewicht, eine andere Dimension, einen anderen Stellenwert als im Profigeschäft, wo ein Schiedsrichterfehler tatsächlich Millionen Euro wert sein kann. Man denke beispielsweise an den letzten Spieltag der Saison 2012/13: Borussia Dortmund spielt gegen die TSG Hoffenheim; nur mit einem Sieg kann Hoffenheim noch den Abstieg verhindern und auf den Relegationsplatz springen. Dortmund führt erwartungsgemäß mit 1:0, und dann beginnt eine Serie von unfassbar kniffeligen Entscheidungen, die Schiedsrichter Jochen Drees zu treffen hat. Der Mann macht alles richtig, er macht es vorbildlich und lehrbuchhaft. Er pfeift zwei korrekte Strafstöße gegen Dortmund, stellt den Dortmunder Torhüter vom Platz, und er verwehrt, unmittelbar vor dem imposanten Fanblock, der Heimmannschaft die Anerkennung des Ausgleichstreffers in der Nachspielzeit, und das, obwohl er bereits auf Tor entschieden und erst danach Rücksprache mit seinem Assistenten gehalten hat. Hätte er das nicht getan, wäre Hoffenheim abgestiegen. Es mag einige Hardcorefans geben, die sagen, genau das wäre auch schön gewesen. Aber nicht so, nicht auf diese Weise. Jochen Drees hat an diesem Tag dem Schiedsrichterwesen einen großen Dienst erwiesen. Und das Schöne daran ist, dass das auch allgemein erkannt und anerkannt wurde.

Der Entscheidungsdruck, der bei einem Kreisliga- und selbst bei einem Hessenligaspiel auf einem Schiedsrichter liegt, ist ein vollkommen anderer. Klar, es wird gegen Entscheidungen reklamiert. Und es wird auch immer wieder am Montag in der Zeitung stehen, der Schiedsrichter habe das Spiel verpfiffen oder die Mannschaft X oder den Verein Y grob benachteiligt, das kommt vor, das gehört dazu. Doch schon deshalb, weil die Entscheidungen nicht nachprüfbar sind, weil sie nicht unmittelbar und sofort und aus zwölf unterschiedlichen Perspektiven in einer Endlosschleife auf den Fernsehschirm projiziert werden können, sind sie von größerer Akzeptanz getragen.

Man schaue sich einmal auf YouTube ein beliebiges Spiel der Weltmeisterschaft 1982 in Spanien an. Die Fehlentscheidungen, die dort, beispielsweise beim Abseits, teilweise getroffen wurden, sind so hanebüchen wie offensichtlich. Und kaum jemand auf oder um den Platz herum beschwert sich, geschweige denn, dass man eine Zeitlupe zu sehen bekommt. Der Linienrichter winkt Abseits, der Reporter sagt »Abseits«, die Verteidiger legen sich den Ball zum Freistoß hin, das Spiel läuft weiter. Das war's. Mal reklamiert der Stürmer, mal nicht. Keine hektischen Linien werden über das Spielfeld gezogen, kein Bild wird im Augenblick des Abspiels eingefroren. Der Eindruck, es habe früher weniger Fehlentscheidungen gegeben als heute, ist nicht ausschließlich, aber doch in erster Linie, ein Medienphänomen, eine Frage der Gewichtung. Und ich will nicht behaupten, dass auf unseren Dorfsportplätzen idyllische Zustände herrschten, aber im Gegensatz zu dem Überprüfungsterror, dem die Kollegen in den Profiligen ausgesetzt sind, haben wir es doch tatsächlich noch recht gemütlich.

Ausnahmen gibt es immer, Spiele, in denen keine einzige Entscheidung Akzeptanz findet, in denen der Schiedsrichter von Anfang an Gegenwind bekommt, in denen von außen massiv auf ihn eingewirkt wird, in denen sich die Unruhe um den Platz herum auf das Spielfeld überträgt oder umgekehrt. Manchmal findet man Gegenmaßnahmen, manchmal nicht. Und selbstverständlich ist Gewalt gegenüber dem Schiedsrichter nach vermeintlichen Fehlentscheidungen ein Thema, mit dem man sich auseinandersetzen muss. Man kennt die Schlagzeilen von dem Linienrichter, der in den Niederlanden nach einem Jugendspiel zu Tode getreten wurde, von der zunehmenden Verrohung der Sitten und schwindender Akzeptanz der Autorität des Schiedsrichters. Ich bin, was das betrifft, möglicherweise ein Glückskind. Das mag sich befremdlich anhören, aber: Noch nie in meinem ganzen Leben bin ich geschlagen worden. Nicht von meinen Eltern, nicht auf dem Fußballplatz. Und der einzige Fall, in dem es beinahe so weit gewesen wäre, war, mit ein wenig Abstand betrachtet, eher kurios als bedrohlich.

Ein Sonntag Ende Mai. Der letzte Spieltag in der Bezirksoberliga Wiesbaden; auf dem Programm stand die Partie des Tabellensiebten gegen den Tabellenachten, ein Freundschaftsspiel also mehr oder weniger; ein staubiger Rotascheplatz im idyllischen Rheingau, zwischen Weinbergen gelegen. Die Mannschaften hatten schon vor Spielbeginn ausgemacht, am Abend gemeinsam Saisonabschluss zu feiern, das Spiel war also tatsächlich Nebensache, und so fühlte es sich auch an. Keiner tat dem anderen etwas zuleide (ganz davon abgesehen, dass niemand Lust verspürte, sich auf dem steinigen Geläuf die Knie aufzuschürfen). Ich hatte in den ersten 30 Minuten ein- oder zweimal in die Pfeife blasen müssen, über den Platz wehte bereits der Geruch der Holzkohle vom Grill. Im Mittelkreis stellte ein Spieler seinem Gegenspieler ein Bein, der kam ins Stolpern, ich pfiff kurz, das Spiel sollte weitergehen, da ertönte mitten in die Rheingau-Stille ein Schrei: »Was pfeifst du denn da für einen Müll, du Depp!«

Derjenige, der das nicht gerufen, sondern für jedermann auf dem Sportgelände und wahrscheinlich noch im Nachbarort hörbar gebrüllt hatte, war kein Zuschauer, die dürfen so laut brüllen, wie sie wollen, sondern ein 50 Meter entfernt im Strafraum stehender Abwehrspieler. Nun hatte ich keine Wahl. Selbst wenn wir uns hier auf dem UN-Friedensgipfel befunden hätten – eine derart lautstarke Beleidigung kann sich ein Schiedsrichter nicht gefallen lassen. Ich lief also die endlos lange und staubige Strecke in den Strafraum, alle Augen auf mich, griff an die hintere Hosentasche, die Arschkarte, Sie wissen schon, und schickte den Mann vom Platz. Ich ahne bis heute nicht, was in diesen 30 Sekunden in ihn gefahren war, er weiß es auch nicht. Er packte mich am Trikot, stieß mir drei-, viermal vor die Brust, so dass ich durch den Strafraum taumelte (man rechnet ja mit allem, aber nicht damit), und dann stand er vor mir, die Faust erhoben, kurz vor dem Zuschlagen. Ich machte die Augen zu. Als ich sie wieder aufmachte, sah ich einen Pulk von Spielern, die den Mann unter sich begraben hatten. Mitspieler, wohlgemerkt. Sie hatten gerade noch schnell genug reagiert.

Ich brach das Spiel trotzdem ab. Denn die Anweisungen sind eindeutig: Bei einer konkreten physischen Bedrohung oder einer Gewalthandlung gegen den Schiedsrichter ist das Spiel abzubrechen. Schon deshalb, weil man auch psychisch nicht mehr in der Lage sein könnte, ein Spiel vernünftig zu

Ende zu bringen, wenn man zuvor attackiert wurde. Aber auch, um die Autorität des Schiedsrichters zu schützen. Ich beendete also das Spiel, das Grillfest fiel aus. Bei der Sportgerichtsverhandlung einige Wochen später bekam der Spieler eine Sperre von acht Monaten, was relativ moderat ist. Im Vorraum der Gaststätte, in der die Verhandlung stattfand, trafen wir uns, der Spieler und ich; er gab mir die Hand und bat mehrfach um Entschuldigung. Er wisse nicht, was in diesem Augenblick in ihn gefahren sei, er könne sich das nicht erklären. Seine Strafe hat er ohne Klage akzeptiert. Seitdem, immerhin ist das Ganze mehr als ein Jahrzehnt her, bin ich ihm hin und wieder als Zuschauer auf einem Sportplatz begegnet; jedes Mal kam er zu mir und gab mir die Hand. Das war mein Gewalterlebnis.

Ich bin mittlerweile erfahren genug, um zu wissen, wann ich gut bin, und zu spüren, wenn ein Spiel schiefläuft. Ich kann, wenn ich den Eindruck habe, und an den Reaktionen der Spieler auf bestimmte Entscheidungen ist das recht gut ablesbar, dass ich kräftig danebengelegen habe, mich relativ gut darauf verlassen, die Stimmung wieder einzufangen. Eine der wichtigsten Regeln für einen Schiedsrichter lautet: Denk nicht über Entscheidungen nach, während das Spiel schon weiterläuft. Du hast eine Entscheidung getroffen, und die musst du jetzt durch das Spiel tragen, ob du willst oder nicht.

Ein Fehler, über den man nachdenkt, der einem nachhängt, löst eine ganze Kettenreaktion von weiteren Unzulänglichkeiten aus. Du darfst als Schiedsrichter nicht darüber nachdenken, ob deine Entscheidung falsch oder richtig ist. Du musst sie treffen und dann damit leben. Und selbst wenn dir der Gedanke kommt, eine soeben getroffene Entscheidung sei definitiv falsch, darfst du trotzdem nicht darüber nachdenken. Weil du nämlich währenddessen den nächsten Fehler begehen würdest. Es wird niemals besser, nur noch schlimmer. Wenn du die Kontrolle über diese Gedanken verloren hast, hast du auch das Spiel aus der Hand gegeben. Das hört sich an wie ein Managerhandbuch, das sich Anleihen aus dem Vulgärbuddhismus genommen hat: Befreie dich von negativen Gedanken, bleib positiv. Das klingt nach der klassischen Oliver-Kahn-da-musst-du-dann-eben-die-Zähne-zusammenbeißen-und-durch-Rhetorik. Aber darum geht es nicht. Es geht darum, dass man maximal zwei Sekunden, und das kann ein langer Zeitraum sein, hat, um zu entscheiden: Pfiff oder nicht Pfiff. Denkt man zu lange nach, dann sind selbst diese langen zwei Sekunden weg. Und denkt man weiter nach, ist die Konzentration für die nächste Szene weg. Und man macht den nächsten Fehler, wobei ja gar nicht sicher ist, ob man vorher überhaupt einen gemacht hat.

Übrigens: Kaum etwas kommt bei Spielern, Trainern und Zuschauern so gut an wie ein Schiedsrichter, der den Eindruck vermittelt, dass es ihm selbst bewusst ist, dass auch er einmal irren könnte. Das hat nichts mit Unsicherheit oder Zaghaftigkeit zu tun. Aber wenn die Reaktion eines Spielers auf eine Entscheidung unverhältnismäßig heftig ausfällt, kann man auch sich selbst einmal hinterfragen. Ein Beispiel: Ein Stürmer und ein Abwehrspieler kämpfen um den Ball, der ins Toraus geht. Ich entscheide auf Abstoß. Der Stürmer reklamiert in einer Art und Weise, wie er es bislang im Spiel noch nicht getan hat. Dann laufe ich bei nächster Gelegenheit einmal dicht an ihm vorbei und frage: »War das eine Ecke?« Und ich wette darauf, dass der Spieler, positiv überrascht von der Ansprache, in einem freundlichen Ton antwortet. Und wenn man dann noch ein kurzes »Sorry«

hinterherruft, wird man mit diesem Spieler im gesamten Spiel kein Problem mehr haben. Man darf nur nicht zehnmal »Sorry« sagen pro Spiel, schon gar nicht zum selben Spieler.

Die Unfähigkeit, eigene Fehler einzugestehen, kann eine Karriere beenden. So erging es dem Hamburger Bundesligaschiedsrichter Michael Malbranc, der mit seinem Phantompfiff in die Geschichte einging. 88 Minuten sind gespielt in der Saison 1997/98 zwischen dem Karlsruher SC und dem TSV 1860 München. Die Münchener führen mit 2:1, da wird ein Karlsruher Spieler unmittelbar vor dem Strafraum gefoult. Malbranc pfeift, laut und deutlich, in diesem Moment drischt der Karlsruher Sean Dundee den Ball ins Tor. Was denkt sich ein Schiedsrichter? Scheiße, hättest du eine Sekunde länger gewartet, hättest du einen wunderbaren Vorteil geben können und das Tor hätte zur Hälfte dir gehört. So aber gab es nur eine Möglichkeit – einen Freistoß, in aussichtsreicher Position zwar, aber dennoch nur einen Freistoß. Die Entscheidung von Michael Malbranc, einem erfahrenen und anerkannten Schiedsrichter, lässt sich in diesem Augenblick nur mit einer Form von Wunschdenken erklären: Er entschied auf Tor. Und er behauptete hinterher standhaft und gegen jede offensichtlich nachprüfbare Tatsache, er habe erst nach der Torerzielung gepfiffen und den Freistoß-, so drückte er sich aus, in einen Torpfiff umgewandelt. Im Gegensatz zu dem Helmer-Phantomtor-Spiel rund drei Jahre vorher wurde das Spiel nicht neu angesetzt (da schwebte auch die FIFA drohend im Hintergrund), die Wertung blieb bei 2:2 unentschieden. Michael Malbranc pfiff nie wieder ein Bundesligaspiel.

Bei der Weltmeisterschaft 1982 hatte der kuwaitische

Scheich Fahid al-Ahmad as-Sabah bei einer vergleichbaren Situation seine Spieler (und man darf das Possessivpronomen in diesem Fall wörtlich nehmen) vom Spielfeld geholt. Die waren stehen geblieben, nachdem ein Pfiff von den Zuschauerrängen ertönt war, wodurch der Gegner Frankreich den Treffer zum 4:1 erzielen konnte. Erst als der Schiedsrichter das Tor annullierte, durften die Kuwaitis weitermachen. Sie verloren trotzdem. Mit 4:1.

Wer sich als Schiedsrichter wiederum im Gegenzug auf die Ehrlichkeit der Spieler verlässt, kann sich auch ganz schnell zum Deppen machen. Wenn man sich nicht sicher ist, ob der Torhüter den Ball noch berührt hat oder nicht, bevor dieser über die Latte flog, kann man schon einmal nachfragen. Und in den meisten Fällen bekommt man eine ehrliche Antwort. Allerdings sollte man auch damit sparsam umgehen. Wenn es um alles oder nichts geht, muss man seine Entscheidung selbst treffen. Dafür ist man da.

Im April 1998 lenkte der Schalker Abwehrspieler Oliver Held beim Spiel in Köln einen Kölner Torschuss auf der Torlinie stehend mit der Hand über das Tor. Der klassische Fall für die Kombination von Elfmeter und roter Karte. Zu diesem Zeitpunkt waren 81 Minuten gespielt, das Spiel stand 0:0. Es war eine entscheidende Szene. Uwe Kemmling, der Schiedsrichter, hatte das Handspiel nicht gesehen. Seine Assistenten auch nicht. Das ist grausam, für alle Beteiligten. Die Proteste der Kölner waren so heftig, dass Kemmling Held fragte, ob er den Ball mit der Hand gespielt habe. Held verneinte. Das Spiel ging mit Eckstoß weiter; Köln verlor sogar noch mit 0:1 und stieg zum ersten Mal in der Vereinsgeschichte in die Zweite Bundesliga ab. Eine Extremsituation. Held wurde im Nachhinein gesperrt, der Kölner Stürmer

Toni Polster wünschte ihm, dass er nie wieder Glück haben solle in seinem Leben. Das ganze Drama einer Fehlentscheidung.

Man kann nicht Schiedsrichter werden und bleiben, wenn man nicht auch Fußballfan ist. Auch das wird gerne einmal bezweifelt. Und weil das so ist, hat die Fußballweltmeisterschaft in Brasilien uns Schiedsrichtern besonders wehgetan. Bei jedem internationalen Turnier hagelt es Kritik an den Schiedsrichtern, und jedes Mal muss man lesen, wie schwach die Kollegen dieses Mal wieder in Form seien, so schwach wie nie zuvor. Ich fürchte, nach der Brasilien-WM muss man dem prinzipiell zustimmen und doch auch wieder nicht. Denn bei der Weltmeisterschaft in Brasilien war es nicht so, dass in spektakulären Einzelszenen falsche Entscheidungen getroffen wurden, keine Hand Gottes, kein Oliver Held.

Vielmehr war es so, dass eine Gruppe hochqualifizierter Referees, die seit Jahren auf internationaler Ebene und im absoluten Spitzensport ihre Leistung bringen, offenbar im Vorfeld der Weltmeisterschaft aus unerfindlichen Gründen von höherer Ebene auf einen Kurs getrimmt und mit Anweisungen versehen wurden, die dafür sorgten, dass im Grunde genommen am Ende gar nichts mehr stimmte: Da wurden Laufwege eingeschlagen, die so sinnlos waren, dass selbst ein Anfänger sie normalerweise instinktiv vermeiden würde. Reihenweise standen die Kollegen im Weg, wurden angeschossen, leiteten unfreiwillig Konterangriffe ein oder rannten gar, wie im Spiel Deutschland gegen USA, Spieler bei erfolgversprechenden Angriffen über den Haufen. Da wurden die klarsten und dringend nötigen gelben Karten weggelassen, da wurden Notbremsen genauso mit einer gelben Karte bestraft wie die fiesesten und hinterhältigsten Tritte auf Knöchel und Sprunggelenke. Da wurden Vorteile noch im Mittelfeld gegeben, wenn sich bereits zwei Spieler derselben Mannschaft schreiend am Boden wälzten und nun wirklich kein Vorteil mehr zu erkennen war. Hauptsache, das Spiel lief irgendwie so vor sich hin. Ob man noch die Kontrolle darüber hatte oder nicht, schien nicht weiter wichtig zu sein.

Manchmal saß ich ungläubig den Kopf hin- und herwiegend vor dem Fernseher, schon beim Eröffnungsspiel, als der bullige Brasilianer Fred nach einer sachten Berührung am Arm wie vom Blitz getroffen zu Boden ging und der japanische Schiedsrichter wie angestochen durch den Strafraum lief, immer den linken Arm ausgestreckt in Richtung Strafstoßpunkt, bis zur Torauslinie, wo er dann selbst offenbar nicht mehr wusste, was er dort zu suchen hatte (nämlich gar nichts). Und ich fragte mich: Wann hast du zum letzten Mal einen Strafstoß mit dem linken Arm angezeigt? Und ich gab mir gleich selbst die Antwort: Noch nie. Weil man nämlich, wenn man richtig zum Spiel steht, den Strafstoß mit dem rechten Arm anzeigt. Aber wenn der Schiedsrichter nicht vollkommen bescheuert in der Spielfeldmitte herumgestanden hätte, hätte er ja gesehen, dass es gar kein Foulspiel war.

Die meistdiskutierte Szene der Weltmeisterschaft, das Foul am brasilianischen Superstar Neymar, bei dem diesem ein Wirbel gebrochen wurde durch einen robusten Sprung in den Rücken, fand ich noch nicht einmal so unglaublich böse, schon gar nicht auf den ersten Blick. Dass es aber überhaupt dazu kommen konnte, dass die Spieler glaubten, so agieren zu dürfen (und sie glaubten das mit Recht) – das müssen sich die Schiedsrichter ankreiden lassen. Der von Seiten der

FIFA verantwortliche Offizielle bei der WM in Brasilien hieß im Übrigen Massimo »We are not God« Busacca. Er ist noch immer im Amt.

Für uns Schiedsrichter im Amateurbereich hatte diese WM tatsächlich etwas Gutes. Als die Saison danach wieder anfing, kamen die Vereinsvertreter reihenweise vor den Spielen in die Schiedsrichterkabine und fragten beinahe etwas ängstlich: »Aber ihr pfeift doch nicht so wie bei der WM, oder? Ihr macht das doch wie immer?« Eigentlich ein ganz schönes Lob. Ja, machen wir. Wir geben uns Mühe. Aber nicht vergessen: »We are not God.« Und wir versuchen, uns auch nicht so aufzuführen.

DER MORGEN DANACH
Fingerspitzengefühl. Die Medien, der Fußball und die Schiedsrichter

Ich gebe zu, dass ich es im Alter von 16 oder 17 Jahren in aller jugendlichen Naivität einmal wagte, einen Leserbrief zu schreiben. Nicht an irgendwen, sondern an Marcel Reich-Ranicki, der seinerzeit noch Papst war, weil wir noch keinen anderen hatten. Marcel Reich-Ranicki hatte in der FAZ einen Roman besprochen (ich weiß noch nicht einmal mehr, um welchen Roman es ging), den ich auch gelesen hatte. Reich-Ranicki fand den Roman fürchterlich, mir hatte er seinerzeit ganz gut gefallen. Die Rezension war voll von inhaltlichen Fehlern: Namen von Figuren waren falsch oder falschen Sachverhalten zugeordnet. Unter anderem ging es, wenn ich mich richtig erinnere, darum, dass eine männliche Romanfigur die Unterwäsche der Frauen, mit denen er geschlafen hatte, in einer Kommode sammelte. Auch diese Figur verwechselte Reich-Ranicki.

Ich schrieb also einen Brief. Und man glaubt es nicht: Ich bekam eine Antwort. Von Marcel-Reich-Ranicki persönlich. Einen mit der Maschine getippten Brief, per Hand unterschrieben. Darin stand, dass es vollkommen egal sei, wer in diesem Roman Unterwäsche in einer Kommode sammele. Schon der Umstand, dass überhaupt irgendwer in einem Roman Unterwäsche in einer Kommode sammele, sei ja wohl schon Beleg genug für dessen miserable Qualität. Der Brief ist bedauerlicherweise bei einem Umzug verloren gegangen. Er wäre heute wahrscheinlich viel Geld wert. Ich habe keinen Beweis dafür, dass es ihn überhaupt gegeben hat. Damals war ich Schüler, und ich bekam eine Ahnung davon, wie Medien, gerade wenn sie Papst sind, arbeiten.

Und trotzdem unternahm ich Jahre später, da war ich bereits Teil des Medienbetriebs, noch einmal einen Versuch, mich mit einer anderen Form von unangreifbarer Autorität anzulegen: dem *Kicker Sportmagazin*. Der *Kicker* verteilt nach jedem Wochenende in der Ersten und Zweiten Bundesliga Noten. Er verteilt Noten an die Spieler, das ist mir egal; er verteilt Noten an die Schiedsrichter, das ist mir nicht ganz so egal, weil darüber geredet wird. Die Noten werden nämlich akzeptiert und ernst genommen, denn sie kommen ja von Autoritäten. Ich saß auf der Tribüne des Frankfurter Waldstadions, so hieß es damals noch, und guckte mir das Spiel an, das recht unspektakulär verlief. Der Schiedsrichter hatte, jedenfalls aus Schiedsrichterperspektive, wenig Probleme und bekam dafür am Montag vom *Kicker* die Note »Fünf«.

Aha, dachte ich, interessant, und schaute mir die Begründung an, die da sinngemäß lautete: Der Schiedsrichter machte keinen entscheidenden Fehler, wirkte aber nicht souverän und stand auf Kriegsfuß mit der Vorteilsregel. Vorteilsregel. Vorteilsregel. Kennen Sie den Film *Tote tragen keine Karos*? Darin geht es um eine nationalsozialistische Verschwörerbande, die mit Hilfe von Schimmelkäse die Welt erobern will. Steve Martin, der die Rolle des Privatdetektivs Rigby Reardon spielt, bekommt jedenfalls immer einen unglaublichen Aggressionsschub, sobald er das Wort »cleaning woman« hört. Dann beginnt er, Gegenstände zu zertrümmern oder Menschen zu würgen.

Es gibt zwei Wörter, die bei Schiedsrichtern ähnliche Reaktionen hervorrufen. Zum wichtigeren, der Obercleaningwoman sozusagen, komme ich später. Das zweite ist das Wort »Vorteilsregel«. Wer »Vorteilsregel« sagt, ist raus. Es gibt alle möglichen Regeln. Stehen im Regelbuch. Kann man nachlesen. Eine Vorteilsregel gibt es nicht. Es gibt eine Vorteilsbestimmung. Die besagt, dass der Schiedsrichter bei jeglichen Vergehen Vorteil geben kann. Nur ein einziger Satz. Das Fachmagazin *Kicker* benotete also den Schiedsrichter in Frankfurt mit einer Fünf wegen dessen Unkenntnis der Vorteilsregel, ich schrieb dem Fachmagazin *Kicker* eine Mail, ganz unschuldig, und fragte mal nach. Ich, so schrieb ich, hätte die Leistung eigentlich ganz gut gefunden, es sei ja auch nicht viel passiert. Die Antwort lautete, wiederum sinngemäß, denn ich löschte sie in einem cleaningwomanähnlichen Anfall umgehend, dass da zwei Experten des Expertenmagazins gemeinsam auf der Tribüne gesessen hätten und sich einig gewesen seien, und dann habe das bestimmt alles seine Richtigkeit. Ich schreibe nie mehr einen Leserbrief, versprochen. Ich hasse nämlich Leserbriefschreiber. Und ich bereue die beiden einzigen Leserbriefe meines Lebens.

Das Problem ist folgendes: Schiedsrichter sind nicht frei von Eitelkeit. Journalisten sind nicht frei von Eitelkeit. Ich kann das beurteilen, denn ich bin beides. Beide Berufsgruppen sind, und das aufgrund der technischen Entwicklungen in zunehmendem Maß, sehr harter und oftmals ungerechtfertigter Kritik ausgesetzt – die Journalisten von Trollen, Spinnern, Besserwissern und Querulanten in den Kommentarforen im Internet, die Schiedsrichter wiederum auf allen Kanälen dank der technischen Möglichkeiten des Fernsehens. Ich würde mir und meiner Gilde mit einer Pauschalkritik am Sportjournalismus der Gegenwart also ins eigene Fleisch schneiden. Trotzdem sei dezent angemerkt, dass ein Schiedsrichter, der in den Medien kritisiert wird, das Recht darauf haben sollte, dass diejenigen, die sich professionell mit dem Fußballsport beschäftigen, zumindest die Grundlagen des Regelwerks kennen. Und es dürfte auch niemand ernsthaft bestreiten wollen, dass der Eindruck, die Schiedsrichter machten immer mehr Fehler, ein Produkt der Medien ist.

So kommt das eben, wenn 20 Kameras jeden Quadratzentimeter eines Spielfelds kontrollieren, wenn virtuelle Linien quer über den Platz gezogen werden, um in der dritten Kameraeinstellung festzustellen, dass der Spieler, der soeben das Tor erzielt hat, mit einer Fußspitze im Abseits stand; wenn nach einem Fall eines Stürmers im Strafraum erst nach der Befragung des extern zugeschalteten Schiedsrichterexperten das Urteil gefällt wird, man hätte hier durchaus weiterlaufen lassen können, während der Live-Kommentator zehn Sekunden vorher noch aufgeregt »Das war doch Elfmeter!« gebrüllt hat (im Übrigen heißt das Strafstoß, nicht Elfmeter) und auf diese Weise eine ganze Fußballfernsehnation auf Konfrontationskurs zum Schiedsrichter getrimmt hat.

Im Anschluss fragt man dann den Trainer und zeigt ihm das Standbild mit der virtuellen Linie und der Schuhspitze, die über die Linie ragt, und der darf sich dann auch nochmal aufregen und sagen, dass es bitter ist, dass durch eine solche

Fehlentscheidung ein Spiel entschieden wird, und das steht dann am Montag in der Tageszeitung und im Fachmagazin und dann wissen es alle, während vor noch nicht allzu langer Zeit, vor der Erfindung von *ran* und dem Sportshowgewerbe, in der Sportschau Addi Furler ungerührt den großen Pferderennpreis von Aachen angekündigt hätte, nachdem zuvor Wattenscheid 09 gegen den MSV Duisburg ein von niemandem moniertes und auch nicht weiter kommentiertes Tor kassiert hatte, bei dem niemand eine virtuelle Linie gebraucht hätte, um festzustellen, dass der Schütze einen Meter im Abseits war. Aber seinerzeit musste man eben auch noch nicht die Zeit zwischen den Werbepausen mit Inhalt füllen.

Medien brauchen Geschichten. Geschichten kann man meistens über Konflikte erzählen. Wenn ich von einem Sportreporter den Satz höre »Ich mag diesen Kerl einfach«, dann weiß ich schon, dass ich diesen Kerl nicht mag und dass man ihn im Normalfall auch einfach nicht mögen kann, es sei denn, er liefert Erzählstoff. Niemand, der sich mit Fußball beschäftigt, kann oder konnte Werner Lorant mögen. Oder einen Fußballspieler wie Sascha Rösler, der sogar den sonst so beherrschten Armin Veh auf die Palme brachte. Die Medien suchen Typen. Klar, das sind Typen. Kann man jede Woche eine Viertelstunde zeigen, und sie machen immer etwas Neues, Überraschendes. Fredi Bobic nennt einen Schiedsrichter eine blinde Bratwurst, und im Fernsehen zeigen sie eine Collage des Schiedsrichters mit Bratwürsten auf den Augen. Sehr lustig. Und am Wochenende auf dem Dorfsportplatz rufen sie dann »Bratwurst, Bratwurst« und werfen im laufenden Spiel die Wurstzipfel nach dem Schiedsrichter. Wahnsinnig lustig. Echte Typen. Fredi Bobic wurde dann irgendwann Manager beim VfB Stuttgart und lief bei jeder noch so eindeutigen Schiedsrichterentscheidung gegen den VfB Stuttgart cleaningwomanmäßig zu Hochform auf.

Selbstverständlich ist der Umgang der Medien mit den Schiedsrichtern abhängig vom Medium und vor allem vom Aufmerksamkeitsgrad, den ein Spiel oder ein Wettbewerb hat. In den unteren Amateurklassen ist kaum einmal ein Mitarbeiter einer Zeitung vor Ort, es sei denn, es handelt sich um ein Derby oder um ein Spitzenspiel oder um ein besonders brisantes Duell, bei dem es im Hinspiel zu Eskalationen gekommen ist. Ansonsten gibt der Heimverein der Presse nach Spielschluss per Telefon die Torschützen, besondere Vorkommnisse und einen kurzen Spielbericht durch. Die Berichterstattung in den lokalen Medien ist also abhängig vom Berichterstatter des Heimvereins. Unter denen gibt es sehr objektive, faire Vertreter oder eben auch die, die die Vereinsbrille noch nicht einmal ein Stück in Richtung Nasenspitze rücken, geschweige denn absetzen können.

Es gibt Vereine, für deren Niederlagen, man kann es in der Zeitung nachlesen, immer der Schiedsrichter verantwortlich ist. Bei einem Unentschieden war zumeist das Ausgleichstor des Gegners Abseits, oder es hätte mindestens noch ein Strafstoß für die Heimmannschaft gepfiffen werden müssen. Bei einem Sieg darf der Schiedsrichter sich zumindest freuen, weder namentlich noch überhaupt genannt zu werden, während der Trainer der Gästemannschaft dann gerne noch einmal als schlechter Verlierer abgestempelt wird. So ist das eben, das weiß jeder und liest die Berichte dementsprechend.

Auf mittlerer Amateurklassenebene ist es üblich, dass ein Berichterstatter der regionalen Zeitung und oder diverser

Sport-Internetportale, die sich zurzeit rasant entwickeln und eine erstaunlich umfangreiche Berichterstattung liefern, vor Ort sind. Zumeist sind es die gleichen Personen, die am immer gleichen Ort sind. Man kennt sich also, Spieler, Trainer, Journalisten. Wen man zumeist nicht kennt, das ist der Schiedsrichter. Das kann dann schon einmal dazu führen, dass man sich bei der Bewertung beispielsweise einer roten Karte für den lokalen Starstürmer und Volkshelden schnell untereinander einig geworden ist: Fehlentscheidung. Besonders lustig wird das dann, wenn ein dazugehöriger Filmbericht ins Internet gestellt wird, in dem zu sehen ist, wie jener vermeintlich unschuldige Stürmer seinem Gegenspieler im Luftkampf mit dem Ellenbogen die Nase bricht oder Ähnliches. »Das war doch niemals Absicht«, sagt man dann. Hat auch niemand behauptet.

Das Problem im Sportjournalismus (und jeder Sportjournalist darf diesen Vorwurf gerne umdrehen und mir vorhalten, von wegen Literaturbetrieb und Bekanntschaften zwischen Feuilletonisten und Schriftstellern, von den Verflechtungen mit Verlagen erst gar nicht zu sprechen) ist meines Erachtens die fehlende Distanz: Man muss sich gutstellen, man braucht Gesprächspartner, Zulieferer, Informationsquellen. Wer sich erst einmal Jürgen Klopp zum Feind gemacht hat, bleibt auf absehbare Zeit die Witzfigur der Fans. Dabei wäre gerade Jürgen Klopp, der sich zunehmend pikiert und empfindlich gegenüber kritischen Fragestellern zeigt, ohne Hilfe der Medien niemals das geworden, was er ist: ein bestens inszenierter und ausgeleuchteter Emotionstrainerdarsteller.

Ich habe einmal, nicht als Schiedsrichter, sondern als Autor, eine höchst unangenehme Erfahrung gemacht. Sie erinnern sich an Tim Wiese? Der war mal Torhüter, sogar in der Nationalmannschaft. Bei einem Qualifikationsländerspiel der U21 in der Türkei im Jahr 2003 provozierte Wiese nach dem entscheidenden Ausgleichstor der deutschen Mannschaft die türkischen Fans derart massiv, dass die gesamte deutsche Mannschaft im Kabinengang Prügel bezog, unter anderem von türkischen Polizisten. Daraufhin fragte mich der Feuilletonchef einer großen deutschen Tageszeitung, der meine Fußballaffinität kannte, ob ich zu diesem Thema nicht eine kleine Glosse schreiben wolle.

Also schrieb ich, Tim Wiese sei ein »in Fitness-Studios grotesk aufgeblasener, solariumverbrannter Vollprolet«. Derselbe Feuilletonchef ermahnte mich im Übrigen einige Monate später, ich solle doch auch mal das Florett benutzen, nicht immer nur den Säbel, und er hatte recht. Wie auch immer, der Satz stand da. Und dann stand da noch einer: ein Sportredakteur der Zeitung. Er stand vor dem Schreibtisch des Feuilletonchefs. Wenige Stunden nachdem mein Text ins Layout gegangen, also noch nicht einmal gedruckt war. Das gehe so nicht, sagte der Sportredakteur, das könne man nicht drucken. Der Feuilletonchef war anderer Meinung. Der Text ging unverändert durch. Und noch in der Nacht flatterte der Zeitung ein Fax des DFB ins Haus, eine Klageandrohung, falls die Zeitung sich nicht entschuldigen würde. Der Text war also beim DFB gelandet, während die Zeitung noch im Druck war. Der Medienchef des DFB war noch zwei Jahre zuvor der Sportchef der besagten Zeitung gewesen. Der Kommunikationsfluss lief reibungslos. Jener Kollege, der mich angeschwärzt hatte, gehörte im Übrigen offenbar zur gefälligen Entourage von Tim Wiese und seinem damaligen Verein Werder Bremen. So läuft das.

Der Feuilletonchef löste die Sache auf elegante Weise. Er

druckte am Folgetag an prominenter Stelle eine Entschuldigung ab: Man habe Tim Wiese am Vortag als einen »in Fitness-Studios grotesk aufgeblasenen, solariumverbrannten Vollproleten« bezeichnet. Das sei ein Irrtum gewesen, den man bedauere. Selbstverständlich sei Tim Wiese kein in Fitness-Studios grotesk aufgeblasener, solariumverbrannter Vollprolet. Wer Tim Wiese heute sieht, der weiß, dass die damals von mir gewählten Worte noch sehr höflich waren. Aber darum geht es hier nicht.

Meine bislang einprägendste Kommentatoren-Schiedsrichtererfahrung war das Spiel Deutschland gegen Niederlande während der Weltmeisterschaft 1990 in Italien. Vielleicht war das überhaupt die einprägendste und intensivste Fernsehfußballerfahrung meines Lebens. Am Mikrofon: Heribert Faßbender und Karl-Heinz Rummenigge als Kokommentator. Der Schiedsrichter pfiff nicht so, wie die beiden es wollten. Sie steigerten sich in ihre Wut hinein. Der Schiedsrichter, der Argentinier Patricio Loustau, wurde zunehmend zum Zielobjekt dieser Wut, die schließlich in Faßbenders Ausruf »Schickt diesen Mann in die Pampa zurück, aber schnell!« gipfelte. Loustau schickte Rudi Völler vom Platz, zu Unrecht. Das war schlecht. Er hatte nicht gesehen, dass Frank Rijkaard Völler gleich zweimal kurz hintereinander in dessen sich im Nacken kräuselnde Lockenpracht gerotzt hatte. Das kann, auch wenn man es damals kaum glauben konnte, schon mal passieren. Und er pfiff in der Nachspielzeit einen absurden Strafstoß gegen Deutschland. Auch das kann passieren.

Mir aber blieb, nicht zuletzt dank Faßbender und Rummenigge, Loustaus Leistung als die schlechteste Schiedsrichterleistung aller Zeiten im Gedächtnis. Zu diesem Zeitpunkt war ich gerade einmal ein gutes Jahr ausgebildeter Schiedsrichter; wie hätte ich mir da ein qualifiziertes Urteil bilden können? Als ich mir das Spiel kürzlich noch einmal in voller Länge anguckte, packte mich zwar wieder dieses Kribbeln, diese innere Spannung, die mich immer packen wird, wenn ich es sehe. Ein Wahnsinnsspiel. Aber trotzdem dachte ich mir: So schlecht war er dann auch nicht.

Heribert Faßbender war übrigens ein Meister im Hervorbringen unfreiwillig komischer Kommentare à la »Ganz klar: gesperrt, ohne den Mann spielen zu wollen«. Die zauberte er reihenweise aus dem Hut. Sein Kollege Gerd Rubenbauer, auch ein Spezialist, der 1990 das WM-Endspiel kommentieren durfte, kündigte im Übrigen Jahre später einmal die Auswechslung des Torhüters an, als der vierte Offizielle die Nachspielzeit von einer Minute per Leuchttafel bekannt gab. Aber das sind alles Kleinigkeiten. Und dass Fernsehsender bei großen Turnieren auf die Hilfe des Schweizer Sonnyboy-Dampfplauderers Urs Meier angewiesen sind, um den Zuschauern im Nachhinein Spielszenen zu erklären, die der Kommentator nicht erklären konnte, obwohl er es hätte erklären können müssen, ist Strafe genug. Der Bezahlsender Sky leistet sich immerhin Dr. Markus Merk als Experten, den besten Schiedsrichter, sorry, liebe Schalke-Fans, den die Fußballbundesliga je gesehen hat.

Wie gesagt: Regelkenntnis wäre schön. Und eigentlich auch selbstverständlich. Weil das aber eben nicht so ist, fällt immer wieder in Spielberichten, in Zeitungsberichten, im Fernsehen und im Radio, in der Champions League wie in der Kreisliga A das schlimmste aller Wörter, das Obercleaningwomanwort eben: Fingerspitzengefühl. Mit dem Wort »Fingerspitzengefühl« meinen Spieler, Trainer und Medien im Grunde genommen nichts anderes als die Beugung der Regel zu ihren Gunsten. Das fehlende Fingerspitzengefühl wird zumeist dann moniert, wenn bei einem Spieler eine Mischung aus Regelunkenntnis und mangelnder Intelligenz zu Konsequenzen geführt hat.

Wenn also ein bereits mit der gelben Karte bedachter Spieler lange nach dem Pfiff den Ball wegschlägt und dafür die gelbrote Karte sieht; wenn ein Spieler wegen Reklamierens verwarnt wird, dafür höhnisch Beifall spendet und daraufhin umgehend den Platz verlassen darf; wenn ein Spieler innerhalb einer Minute gleich zweimal die Hacke seines Gegenspielers trifft anstatt den Ball und frühzeitig unter die Dusche muss – immer dann kommt der Ruf nach Fingerspitzengefühl, und zwar aus einem grundsätzlichen Irrtum heraus: aus dem Glauben, ein Spieler, der bereits eine gelbe Karte gesehen habe, müsse nun besonders vorsichtig und schonend behandelt werden, damit er nicht vom Platz gestellt wird.

Genau das Gegenteil ist allerdings der Fall. Eine gelbe Karte ist eine Verwarnung. Der Spieler hat also bereits mitgeteilt bekommen, dass sein Verhalten nicht akzeptabel ist. Der Toleranzraum eines Schiedsrichters zwischen der ersten und zweiten gelben, also der gelbroten Karte, ist wesentlich kleiner als der bis zur ersten. Aber wenn ein Spieler nun einmal eine zwingende gelbe Karte provoziert, dann muss er sie auch bekommen, Fingerspitzen hin, Persönlichkeit her. Um das auch klar zu sagen: Eine gelbe Karte ist kein Zeichen von Stärke des Schiedsrichters. Man zeigt sie nicht mit Freude, man brüstet sich nicht damit. Aber sie ist auch kein Zeichen von Schwäche, wie es gerne medial verkauft wird. Sie ist, was sie ist: notwendig, und zwar genau in diesem Augenblick.

Es gibt ein besonders prägnantes Beispiel, um die Überflüssigkeit des Begriffs »Fingerspitzengefühl« zu demonstrieren: Im September 2012 erzielte der Hannoveraner Fußballspieler Szabolcs Huszti im Nordderby gegen Werder Bremen in der Nachspielzeit mit einem sensationellen Seitfallzieher das 3:2-Siegtor für seine Mannschaft. Ein tolles Tor, der sichere Sieg in einem wichtigen Spiel. Huszti riss sich, offenbar kann man seiner Freude auf keine andere Weise mehr Ausdruck verleihen, sein Trikot vom Leib, stürmte in die Hannoveraner Fankurve, kletterte am Zaun hoch und feierte mit den Fans. Als er dann auf das Spielfeld zurückkehrte, nahm Schiedsrichter Deniz Aytekin ihn mit der gelben Karte in Empfang, damit hatte Huszti gerechnet. Unmittelbar darauf zog Aytekin die gelbrote Karte hinterher. Für den Spielverlauf hatte das keine weitere Bedeutung, Hannover gewann das Spiel mit 3:2, Huszti musste beim nächsten Spiel gesperrt zuschauen.

Was sagt die Regel? Erstens: Regel 12, Auslegung der Spielregeln und Richtlinien: »Ein Spieler wird verwarnt, wenn er sein Hemd auszieht oder es über seinen Kopf stülpt.« Zweitens: Regel 12, Auslegung der Spielregeln und Richtlinien, exakt eine Zeile darüber: »Ein Spieler wird verwarnt, wenn er an einem Zaun hochklettert, um seinen Treffer zu feiern.« Warum sollte das ein Mann, der viel Geld dafür bekommt, den Fußballsport auszuüben, auch wissen? »Ich kannte die Regel nicht«, sagte Huszti nach dem Spiel. Erstaunlicherweise blieb er selbst angesichts seines Platzverweises relativ gelassen. Dumm gelaufen eben.

Der Shitstorm traf, man ahnt es, Deniz Aytekin, den Schiedsrichter, der nun wirklich gar nichts für all das konnte. Denn man kann selbstverständlich darüber diskutieren, ob die Regel sinnvoll ist. Aber das hat nichts damit zu tun, dass

Aytekin das einzig Richtige getan hat. Er hatte keine andere Chance. Alles andere als ebenjene gelbrote Karte wäre falsch gewesen. Sie musste kommen. Und da konnte Aytekin selbst, was auch noch auf dem Spielfeld geschah, dem Spieler gegenüber sein Bedauern ausdrücken, solange er wollte – er hatte seinen Job gemacht.

Nun begann die große Fingerspitzen-Diskussion der Ahnungslosen: Hätte man nicht, hätte er nicht, könnte er nicht. Das hätte doch nicht sein müssen. Da hätte man doch einmal Gnade vor Recht ergehen lassen können. Ein Schiedsrichter, der so eine Entscheidung trifft, kann nie selbst Fußball gespielt haben. Das war doch eine in sich geschlossene Handlung, das Trikotausziehen; das darf man doch auch nur einmal und nicht doppelt bestrafen. Alles das habe ich in den folgenden Tagen in Zeitungen gelesen, in durchaus seriösen. Wenn man sich irgendwann einmal an diese Szene erinnern wird, dann nicht an den Spieler, der die Regeln des Sports, den er berufsmäßig ausübte, nicht kannte, sondern an den Schiedsrichter, der die Regeln nicht gemacht hat, aber wagte, sie konsequent durchzusetzen, und zwar ohne jedes Fingerspitzengefühl.

Kürzlich war ich auf einer Gerichtsverhandlung. Da hatte ein armer Schlucker in einem Supermarkt ausgerechnet ein Messer geklaut, um es weiterzuverkaufen. Was der Mann nicht wusste: Wenn man ein Messer stiehlt, dann handelt es sich automatisch um einen bewaffneten Diebstahl, weil man in diesem Augenblick ja geradezu zwangsläufig bewaffnet ist. »Ich mache die Gesetze nicht«, seufzte die Richterin. Hat jemand schon einmal einem Richter nach einem Urteil fehlendes Fingerspitzengefühl vorgeworfen?

Ich will nach einem Spiel, das ich selbst gepfiffen habe, wissen, was über mich geschrieben und gesagt wird. Meistens wird wenig bis nichts über mich gesagt, das ist schon einmal gut. Mittlerweile ist es so, dass ich im Internet zumeist schon einen Spielbericht mitsamt Fotos vom Spiel auf einem Onlineportal oder bei Facebook vorfinde, wenn ich am Spieltag nach Hause komme. Und die regionalen Zeitungen haben beinahe alle einen Internetauftritt, auf dem die Lokalsportseiten nachlesbar sind. Auch im Amateurbereich kann ein Schiedsrichter also kaum etwas tun oder lassen, ohne dass es blitzschnell die Runde macht.

Das war im Übrigen schon immer so; ich sagte es, wir Schiedsrichter sind Klatschbasen. Nur ist das heute nun auch alles zumeist dokumentiert und festgehalten. Schließlich üben die Medien auch eine Kontrollfunktion aus. Wenn ein wichtigtuerischer Schiedsrichter einen Spieler in der Kreisliga vom Platz stellt, weil der nach einem Torerfolg nach draußen läuft, um seine Freundin zu küssen, weiß das innerhalb weniger Stunden jeder, der es wissen muss, und alle anderen noch dazu.

Andererseits kann eine Zeitung (oder auch nur ein einzelner Mitarbeiter) irreparablen Schaden anrichten: Es müsste Mitte der 90er-Jahre gewesen sein, als ein Schiedsrichterkollege von mir, ebenjener Mann mit dem Schnurrbart und der gewählten Ausdrucksweise, der mich die Regeln gelehrt und mich als junger Schiedsrichter gefördert hatte, auf dem Fußballplatz während eines Spiels zusammengeschlagen wurde. Er hatte einem Spieler die rote Karte gezeigt, woraufhin dieser ihn zu Boden streckte und dann auf ihn eintrat. Bei der Sportgerichtsverhandlung behauptete der Spieler, mein Kollege habe ihn zuvor rassistisch beleidigt, daraufhin sei er durchgedreht. Das Gericht glaubte ihm nicht und zog ihn für sehr lange Zeit aus dem Verkehr. Aber es war auch ein Journalist anwesend, der Reporter einer großen Frankfurter Tageszeitung, jener, hinter der sich im Normalfall angeblich die klugen Köpfe verbergen. Dieser Mann, ich weiß seinen Namen bis heute und ich werde ihn auch nicht vergessen, fand die Darstellung des Spielers offenbar plausibel. Vielleicht war er noch nie zuvor auf einer Sportgerichtsverhandlung gewesen und wusste nicht, dass dort gelogen wird, bis sich die Balken biegen. Jedenfalls schrieb er einen Kommentar. Nicht nur Schiedsrichter, so schrieb er, müssten vor aggressiven und gewaltbereiten Spielern geschützt werden, sondern auch Spieler vor Rassisten wie XY. Und dann nannte er den vollständigen Namen unseres Schiedsrichterkollegen. Gegen einen derartigen Rufmord kann man sich nicht wehren. Der Kollege beendete seine Laufbahn. Ich bin bis heute überzeugt davon, dass er niemanden beleidigt hat, schon gar nicht in rassistischer Art und Weise. Den Spieler sehe ich heute noch hin und wieder an einem Fußballplatz stehen, er ist nicht mehr aktiv; mittlerweile stehen seine Söhne auf dem Platz, auch sie sind nicht eben pflegeleicht.

Im goldenen Printzeitalter habe ich (und nicht nur ich) am Montagmorgen nach einem Spiel in der Redaktion der Lokalzeitung angerufen, die für das Spiel, das ich am Vortag gepfiffen hatte, zuständig war, und habe um Zusendung eines Exemplars gebeten, nur um zu wissen, was in den acht oder zehn Zeilen, auf denen über mein Spiel berichtet wurde, zu lesen war. Wie gesagt, ich habe nie behauptet, frei von Eitelkeit zu sein.

Heute liege ich am Montagmorgen im Bett, trinke Kaffee und klicke mich durch alle hessischen Lokalzeitungen, lese Spielberichte, Schiedsrichterschelte, Schiedsrichterlob, von kleinen und großen Skandalen. Und sollte ich dann dort doch wieder einmal lesen müssen: Schröder, Scheiße gepfiffen, kein Fingerspitzengefühl, dann denke ich: Es ist doch nur Fußball. Und: »Das ist doch alles der größte Blödsinn, das wird doch alles nur immer wieder von den Medien reindementiert« (Werner Hansch). Manchmal juckt es mich dann in den Fingern, ich zucke kurz und denke: Schreibst du da jetzt mal hin? Dann denke ich an Marcel Reich-Ranicki. Und klappe ganz schnell das Laptop zu.

EPILOG
20 Jahre später. Ein Waldgang

Als ich anfing, an diesem Buch zu arbeiten, merkte ich schnell, dass das nicht in den täglichen Arbeitsrhythmus zu integrieren war, zwischen dauerklingelndem Telefon, E-Mails, spontanen Anfragen, ob ich vielleicht heute nicht noch schnell dies oder das oder noch hierhin oder dorthin. Mir wurde klar, dass ich eine bestimmte Atmosphäre brauchte, nah an meinem Gegenstand, an meinem Thema, aber abgeschieden und konzentriert.

Ich erinnerte mich an einen Tag, an dem ich an einem Sportplatz im Odenwald stand, zusammen mit einem Schiedsrichterkollegen aus der Gegend, und mit meinem Telefon eine Nachricht verschicken wollte. Es ging nicht. Um mich herum tippten junge Menschen Mails und WhatsApp-Nachrichten in ihre Smartphones, nur mein Gerät blieb tot. »Wie kommt es eigentlich«, fragte ich den Kollegen, »dass alle Menschen hier auf dem Sportplatz ein Netz haben, nur ich nicht?« – »Das könnte daran liegen«, antwortete er, »dass du der einzige Depp bist, der hier im Odenwald ein O_2-Netz hat.« Ja, stimmt.

Mir kam der Gedanke, dass ebendas auch sehr praktisch sein könnte. Ich mietete mich also ein, immer für ein paar Tage, in kleinen, abgelegenen Pensionen im Odenwald, von Mittwoch bis Freitag oder Samstag oder gar Sonntag, im Gepäck meinen kleinen Computer ohne Unterhaltungsprogramme, Spiele oder Musik darauf und meine Laufschuhe. Sonst nichts. Ich machte Entdeckungen, trank selbst gekelterten Apfelwein von einer Qualität, wie man sie in Frankfurt selten findet, traf Menschen und erlebte schicksalhafte Momente.

In Seidenbuch, einem Dorf oberhalb von Lindenfels, geriet ich in eine kleine Beerdigungsfeier hinein. Die Pension, in der ich mich eingemietet hatte, bestand seit mehr als 40 Jahren. Sie beherbergte die mittlerweile einzige noch übriggebliebene Kneipe des Dorfes, in der sich jeden Freitagabend der Stammtisch traf, und just an diesem Freitag, an dem ich da war, um etwas Neues zu beginnen, dieses Buch, machte die knapp 80-jährige Wirtin ihrem Stammtisch, an den man mich freundlicherweise eingeladen hatte, die Mitteilung, dass sie zum Monatsende schließen werde. Es lohnte nicht mehr, keine Übernachtungsgäste mehr, keine Laufkundschaft, nur noch der Stammtisch. Einen Sportplatz hat Seidenbuch noch, einen sehr schönen sogar, aber keine Mannschaft mehr, die am Spielbetrieb teilnimmt, und nun auch keine Kneipe mehr, keine Pension.

Am Tisch saß eine Verwandte des in Hessen bekannten Schnapsbrenners Dieter Walz, der seine Brennerei direkt im Haus nebenan hat. Sie arbeitet bei einem großen Softwareunternehmen, jeden Tag eine Stunde mit dem Auto hin und am Abend eine Stunde zurück. Zuvor hat sie in Frankfurt gearbeitet, das war noch etwas weiter, aber nie wäre sie auf den Gedanken gekommen, hier wegzugehen. Um kurz nach fünf steht sie im Sommer auf und macht die Fenster auf und hört die Vögel und die Geräusche aus dem Wald, das ist ihr jeden Stau wert. Wir begossen die Nachricht vom Ende der Kneipe mit großen Mengen vom Odenwälder Itzick Kräuterlikör von Dieter Walz, einem Obstbrand, versetzt mit Kräutern aus dem Weschnitztal, und ich habe mich seitdem oft gefragt: Wo treffen sich die freundlichen Seidenbucher jetzt zum Freitagsstammtisch?

Bei anderer Gelegenheit kam ich in eine Pension in Grasellenbach, ebenfalls am Waldrand gelegen, mit Blick auf Kühe und Weiden und einen schönen, gepflegten Garten. Es war bereits Frühling; ich hatte bis zum frühen Abend gearbeitet, kein Telefon, kein Fernsehen, kein Internet, und fragte die reizende Wirtin, wohin ich denn jetzt wohl laufen könne, eine schöne, gemütliche Runde, acht oder neun Kilometer, nicht mehr. Sie erklärte mir einen Weg, rechts am Berg entlang durch den Wald, am Sportplatz von Wahlen vorbei.

Ich lief los, hatte die Luxus-Laufschuhe eingepackt, den Rolls Royce unter den Laufschuhen sozusagen, nicht für schnelle, aber lange, bequeme Läufe ausgelegt, um die Bergkuppe herum, leicht bergauf und dann wieder leicht bergab – und stand plötzlich mitten in meiner Vergangenheit. Der Sportplatz von Wahlen. Ein einziges Mal hatte ich dort gepfiffen, mich aber damals von der anderen Seite, vom Ort her, genähert. Ein klassischer Bergsträßer Sportplatz, außerhalb und oberhalb des Ortes gelegen, damals noch ein klassischer heller Kiesplatz.

An wenige Spiele habe ich eine so intensive Erinnerung wie an dieses. Es war ein warmer Tag und ein hektisches und umkämpftes Spiel; ich stellte den Sohn eines damals sehr populären deutschen Fußballtrainers vom Platz. Der Vater hatte den Schlapphut und seinen kurpfälzischen Dialekt zum Markenzeichen gemacht. Der Sohn trat in Wahlen einen einheimischen Spieler recht robust zu Boden; der Spieler revanchierte sich, indem er dem Trainersohn eine Handvoll Kies ins Gesicht warf; ich schmiss beide raus. Das war im Mai 1994. Und fast genau 20 Jahre danach stand ich wieder auf diesem Platz, der nur noch ein halber Platz war.

Der SV Rot-Weiß Wahlen hatte sich zwischenzeitlich aus Personalmangel mit dem Nachbarort zu einer Spielgemeinschaft zusammengetan, was nicht so recht funktionierte, und dann den Spielbetrieb komplett eingestellt. Auf einem Teil des Platzes hatte sich das Unkraut breitgemacht, der andere Teil war in eine Boule-Bahn umgebaut worden. Die Tore und die Spielfeldumrandung hatte man einfach stehen gelassen.

Die Luft an diesem Maitag ist warm. Es ist früher Abend, das Dorf unten ist weit entfernt; abgesehen vom Wald, der immer seine Geräusche macht, ist es still und menschenleer. Ich schlüpfe unter der Spielfeldbarriere hindurch und gehe auf den Platz. Ich laufe in die Mitte und bleibe dort stehen. Ich schaue mich um, die Bilder überlagern sich, Mai 1994 und Mai 2014, die Zuschauer, die Mannschaften, der 20-Jährige, der ich war, der 40-Jährige, der ich bin. Ich stehe in der Mitte. Ich schließe die Augen. Ich pfeife.